BESTSELLER

Tere Díaz Sendra es licenciada en Pedagogía y maestra en Terapia familiar sistémica con especialidad en Terapia de pareja. Promotora de Desarrollo humano grupal. Ha realizado diplomados en Clínica psicodinámica, Terapia narrativa y Terapia individual sistémica. Tiene estudios en el trabajo de prevención y atención de la violencia doméstica. Estudiosa de los nuevos modelos amorosos y la soltería. Docente, conferencista y coach estratégico empresarial. Autora de artículos y libros diversos, entre los que se encuentran: *Cómo identificar a un patán*, *Por qué nos mentimos si nos amamos. Sana una infidelidad y renueva tus pactos amorosos*, *El amor no es como lo pintan* y *El que busca encuentra*. Es también coautora de *Celos*, *Volver a empezar*, *29 claves para encontrar pareja* y *¿Me quedo o me voy?* Socia fundadora de Psicoterapia La Montaña y Concepto Empresarial.

www.terediaz.com; contacto@terediaz.com
@terediazsendra
@tedisen
Psicoterapia La Montaña: 55 6466 3052
montana.org

Manuel Turrent Riquelme es terapeuta narrativo y especialista en violencia familiar; ayuda a las personas a transformar sus relaciones mediante la resignificación de sus historias. Tiene una amplia experiencia en terapia individual, de pareja y familiar, y es coautor de varios libros. Promueve vínculos basados en el respeto, el amor propio y el crecimiento mutuo.

Tere Díaz Sendra
Manuel Turrent Riquelme

Comenzar de nuevo

Cómo recuperarte de una ruptura amorosa y recobrar tu bienestar.

DEBOLS!LLO

Papel certificado por el Forest Stewardship Council®

MIXTO
Papel | Apoyando la silvicultura responsable
FSC® C180017

Penguin Random House Grupo Editorial

Comenzar de nuevo
Cómo recuperarte de una ruptura amorosa y recobrar tu bienestar

Primera edición en Debolsillo: junio, 2025

penguinlibros.com

Diseño de portada: Penguin Random House
Imagen de portada: composición a partir de imágenes de ©iStock

ISBN: 978-607-385-881-6

Impreso en México – *Printed in Mexico*

A nuestros padres y hermanos con profundo agradecimiento y amor.

A todos nuestros maestros, pacientes y alumnos, cuya sabiduría y experiencia fueron nuestra brújula.

A nuestros amores y desamores, pasados, presentes y futuros...

A esos amigos tan queridos que nos ayudaron a transitar la aridez de los desiertos y que disfrutaron con nosotros los días de sol.

A Maribel Zarco, Adriana Segovia y Lorenza Estandía, sin cuya colaboración hubiera sido imposible el resultado final de nuestro trabajo.

Y de manera particular a nuestros hijos, Bernardo, Alejandro, Diego y Rodrigo, Manuel, Renata e Isela, cuyo amor queda libre de muchos acertijos...

ÍNDICE

PRESENTACIÓN

Patricia Kelly,
periodista especializada en salud y sexualidad.

La frase *comenzar de nuevo* provoca mucho miedo y resulta amenazadora, sobre todo cuando de divorcio se trata. Sin embargo, podemos convertirla en un reto, en una esperanza.

Hoy, en pleno siglo XXI, tener una pareja sigue siendo el sueño de muchas personas. Sin embargo, esa pareja se busca con los criterios de otras épocas. Cuando la media de vida era de 35 o 40 años, podíamos decir "hasta que la muerte nos separe" o creer que una pareja era "para siempre". Los príncipes azules ya no llegan en caballo blanco ni rescatan inofensivas princesas. Ellas tampoco esperan cándidamente frente a la ventana. El mundo cambió, ¡qué bueno!, pero nuestra capacidad de adaptación parece caminar muy lentamente. Para muchas personas la pareja sigue siendo la única razón de existir. El amor de esa persona anula todas las opciones de amor que existen alrededor. El proyecto de vida se convierte en estar junto al ser amado. Para mantener contenta a la pareja renunciamos a los intereses personales, a las amistades y hasta al trabajo, pero tarde o temprano descubrimos que cuando esta se fue "se llevó todas nuestras ilusiones". Los cambios políticos, sociales y económicos de los últimos lustros exigen también cambios en las relaciones humanas. ¿Qué tipo de pareja necesitamos construir? ¿Cómo y dónde buscarla? ¿Qué puedo aportar yo para que las cosas sean diferentes?

El divorcio, aun en nuestros días, sigue calificándose como en los tiempos de nuestros bisabuelos: es un "fracaso", no una experiencia de vida; una frustración, un suceso lastimoso que nos descalifica y nos llena de culpa. Si te divorcias, o te divorcian, es que "algo hiciste mal", "algo no te funciona", "no tienes capacidad", "por algo te dejan" y muy pocas veces se refiere a la muerte del amor, a la muerte de la pasión que, de no estar alertas, llegará en el momento menos esperado. Muy pocos seres humanos recibieron de manera directa una educación para la vida en pareja, quizás solo escucharon sentencias como "de la mujer depende el éxito del matrimonio", "complace a tu marido en la cama, aunque no te guste", "lo que él haga de la puerta de tu casa para afuera no te debe importar" y hasta aquella que dice "si tú eres la catedral que no te importen las capillitas"; sin embargo, no recibieron una guía para vivir en pareja, exenta de miedos y castigos. ¿Cuál fue el modelo que vivimos en casa, con nuestros padres? ¿Existió abuso, violencia? ¿Son nuestros padres ejemplo de salud y equidad?

El divorcio a veces termina con relaciones dañinas; otras, con desgastadas, y cierra ciclos donde el amor murió primero; pero en ocasiones se convierte en la huida para quien no logró conformar un espacio para la estabilidad. Buscamos ser validados a través de los ojos de ese otro que según creímos había descubierto lo mejor de nosotros, aunque tampoco sepamos de qué se trata.

El libro que tienes ahora en tus manos invita a revisar nuestras ideas, a cuestionar todas aquellas que nos sirvieron por algunos períodos, pero que ahora pueden resultar rancias y hasta tóxicas. Ideas que nunca nos preguntamos de dónde llegaron hasta nuestras cabezas, quién nos las transmitió, en qué momento y para qué nos sirvieron. Los autores nos llevan de la mano para poder atravesar por ese continuo que significa terminar una relación y seguir viviendo. No a medias, no fracturados, sino con la plenitud de haber vivido una experiencia y aprendido de ella.

Eso es *Comenzar de nuevo*, una propuesta para reaprender a amar y recuperar la confianza, una oportunidad para resignificar el amor y la soledad; el pretexto para transformar los errores y malas decisiones en experiencia y crecimiento emocional. Se dice fácil, pero es necesario atrevernos a ser flexibles y experimentar. Cómo voy a entender la soledad y sus ventajas si me niego a estar conmigo mismo. Millones de "parejas" se acuestan todas las noches con un cadáver, cada uno en su ataúd. No se hablan, no se ven, no se nombran, pero "tienen una pareja". Tere y Manuel le dedican un espacio a la soledad como opción y hasta decisión de vida. En más de una ocasión les oí decir: "Tenemos que reivindicar la soledad como una opción válida y genuina".

Revisar nuestro concepto de amor es indispensable para este libro. Si sigo esperando que un sapo se convierta en príncipe y vivamos felices para siempre, estoy en serios problemas. ¿Qué necesito en esta etapa de mi vida? ¿Cómo quiero vivirla? ¿Qué significa eso de amarme primero a mí? La lección en esta parte del libro queda muy clara: perder el miedo a arriesgar.

Otro texto fundamental en este libro es la culpa, ese elemento que nos permite ser manipulados y controlados. Si decidiste terminar eres culpable, pero también si fuiste el abandonado (a). Eres culpable por donde quiera que se te mire. Culpar a la otra persona de nuestra separación es un recurso clásico para sentirnos víctimas, lo que, por cierto, dificulta fuertemente la recuperación después de un "truene".

¿Y la sexualidad?, ¿qué hago con mi sexualidad? Este sigue siendo un tema lleno de mitos y desinformación. Desde aquellos que piensan que los recién solteros son insaciables hasta quienes creen que el buen divorciado renuncia a su vida sexual. Estas creencias se aplican con más rigor a las mujeres, a quienes se sigue limitando por una falsa moral. Muy pocas personas en el momento de la crisis o ya cercanos a la ruptura se atreven a hablar de su mala vida sexual, situación que pudo convertirse en el disparador final. La anorgasmia, la eyaculación precoz, la falta de afecto, el aburrimiento son elementos clásicos en muchos divorcios, pero por fortuna los autores no se detienen en ellos y nos hacen proposiciones más creativas con una idea central: si estás insatisfecho, pide ayuda.

El libro nos ayuda a reconciliarnos con los sentimientos vividos durante una ruptura; descubro entonces que mi enojo y mi tristeza son válidos y necesarios, que mi miedo puede ser un acelerador positivo para el cambio. También entendemos que la alegría y el amor no pueden ser eternos.

Elegir el nuevo camino, construirlo día con día, en soledad o en compañía, es una oportunidad para vivir comprometidos con nuestra felicidad y bienestar. ¡Anímate a *comenzar de nuevo*!

INTRODUCCIÓN

Enamorarse es fácil. Permanecer enamorado es un desafío. Dejar ir es lo más difícil. Y seguir adelante es un triunfo.

Vivimos en una sociedad en permanente transformación. Si bien el cambio ha sido la constante evolutiva del ser humano, la velocidad del mismo se dejó sentir de manera arrolladora en el cierre del siglo XX y al inicio de este nuevo siglo.

Los avances en la ciencia y en la tecnología son evidentes y el mundo globalizado en el que nos encontramos nos mantiene en permanente comunicación e interdependencia unos con otros. Se acortan las distancias, aparecen diversos escenarios de vida a los que antes era inimaginable acceder, al tiempo que se "unifican" maneras de pensar, de desear, de sentir y proceder.

La "cercanía–distancia" que surge de las redes intermitentes generada por los medios de comunicación conformó una nueva forma de relacionarnos que nos conecta a unos con otros al tiempo que se conserva una estremecedora lejanía en estos "encuentros".

A esto hemos de sumar el aún imparable impacto social de la revolución sexual y del movimiento feminista, así como el lento pero constante debilitamiento del patriarcado. Estos eventos ampliaron la autonomía económica de la mujer, así como su influencia en la sociedad. La gran revolución de la píldora anticonceptiva liberó a las mujeres de embarazos no deseados, separando también el sexo de la procreación e, incluso, del amor. Los arcaicos y estereotipados papeles del matrimonio patriarcal se están desmantelando precipitadamente día con día.

Todo esto nos llevó a una radical transformación de las relaciones humanas: de manera particular de la vida en pareja. Los efectos concretos al interior de la vida familiar se dejan sentir con la aparición de diversidad de estructuras familiares que desafían a la familia nuclear intacta (papá, mamá e hijos), así como el cambio en las relaciones sociales en general.

El divorcio como herramienta aceptada y accesible para dar fin a las relaciones matrimoniales abre la posibilidad de la construcción y reconstrucción de relaciones amorosas y promueve la creación de nuevos, creativos y flexibles estilos de vida familiar.

Hemos de enfatizar que la influencia femenina en estos cambios generó movimientos impactantes en la manera de concebir y vivir las relaciones de pareja. Las mujeres de hoy, si bien siguen defendiendo la necesidad de seguridad y la importancia de la afectividad, también enfatizan la capacidad de seguir enriqueciéndose y emocionándose con su pareja.

El colectivo de mujeres del siglo XXI está invitando a los hombres a involucrarse en una vida más diversificada, menos encerrada en normas convencionales que restringen, mientras que antes eran ellos quienes llevaban la batuta en la relación de pareja en general y en el ejercicio de la sexualidad en particular. Hoy las mujeres quieren romper los esquemas habituales de desigualdad para transformar las relaciones de sumisión-dominación en encuentros más igualitarios.

Podríamos afirmar que las mujeres están revolucionando la vida en pareja con propuestas más equitativas, mientras que la mayoría de los hombres está reaccionando ante estos cambios (en muchos casos muy mal) y con gran dificultad está generando algunas propuestas creativas.

Al final, la pareja como sociedad estable está en crisis y ni hombres ni mujeres hemos sido capaces de inventar un nuevo modelo de relación amorosa. Este desencuentro emocional, entre otras cosas, lleva a los miembros de la pareja a cuestionar la relación y muchas veces, ante encrucijadas irreconciliables, a la ruptura amorosa.

Es común, aun en la actualidad, vivir con la creencia de que el matrimonio o la vida en pareja traerá felicidad. Sin embargo, la promesa "hasta que la muerte nos separe" se instituyó cuando el objetivo del matrimonio era la reproducción y la sobrevivencia. En pleno siglo XXI, con un promedio de vida de más de 70 años y muchas más expectativas de realización personal que la crianza y la reproducción, es difícil concebir y sostener la idea de una pareja amorosa actualizada "por los siglos de los siglos".

Podríamos afirmar, de manera general, que una de cada dos parejas se separa en los primeros 7 años de convivencia. Sesenta por ciento de quienes lo hacen tienen entre 25 y 39 años de edad. Casi el 75 % de las mujeres y el 80 % de los hombres vuelven a tener pareja, sin casarse necesariamente. Las segundas relaciones no son mucho más fáciles, requieren nuevos y comprometidos comportamientos amorosos para funcionar, ya que el matrimonio como institución no necesariamente es el espacio fecundo para el amor.

El malestar amoroso es casi una constante en nuestro mundo. Los casados piensan que la felicidad está en otro lado y que el matrimonio es un mal necesario. Por su parte los solteros piensan que la felicidad llegará al encontrar una pareja y postergan todo en nombre de este objetivo. Otros tantos pasan de desencuentro en desencuentro amoroso, culpando a diestra y siniestra por su insatisfacción.

Es clara la necesidad de desarrollar formas nuevas y mejores de relación entre hombres y mujeres, las cuales faciliten una mayor satisfacción y funcionalidad. El número creciente de parejas separadas, divorciadas o en proceso de separación deja al descubierto la urgencia de esta necesidad.

En contraposición con la idea del "amor eterno" hoy podríamos pensar que "el amor es eterno mientras dura".[1*] Al final del camino, sea por una ruptura amorosa, sea por la muerte de algún integrante de la pareja, el fin de toda relación amorosa es la separación. Si bien ambos procesos requieren caminos distintos para superarse, la idea de que "algún día no estaremos juntos" es una realidad ineludible y necesariamente dolorosa en el tema del amor.

Y ¿qué sigue después de una ruptura amorosa, de una separación, de un divorcio? ¿Existen recetas mágicas para continuar la vida? ¿Hay senderos marcados que nos ayuden a transitar la pérdida? Sin duda las experiencias dolorosas bien procesadas se convierten en madurez, pero para lograr esta transformación no existe otro camino que el de *comenzar de nuevo*..

Pero ¿volver a empezar qué...? ¿Una nueva relación?, ¿una nueva familia?, ¿una pareja?, ¿una vida en soltería?... ¿*Comenzar de nuevo* cómo?, ¿solos?, ¿con quién? Los rompimientos amorosos pueden compararse con una "intervención

---

[1] *N. del E.* Los celtas sí solían casarse "mientras el amor dure". Los compromisos matrimoniales se firmaban, incluso, por un año más un día y se renovaban solo si se sentían muy seguros de continuar.

quirúrgica" que afecta todas las áreas de la vida de la persona y que requiere una convalecencia y una recuperación propositivas para luego continuar.

Las separaciones amorosas generan una experiencia de ruptura caótica, por lo que antes de continuar con la vida se necesita "recoger las piezas que se resquebrajaron en el camino". Ser conscientes de la necesidad de atravesar un proceso de duelo y reacomodo de nuestra persona es requisito indispensable para salir airosos de esta vivencia. Saber que no podemos saltarnos ciertos pasos, ciertas etapas, nos dispone a vivir el recorrido con mayor disposición, confianza y aceptación.

En este periodo son inevitables los profundos sentimientos de desesperación, frustración, dolor, tristeza y rabia. En ocasiones los deseos de venganza y represalia aparecen con especial fuerza. La sensación de impotencia y desesperanza tiende a ser compañera cotidiana, sobre todo al inicio del camino. Evitar o negar estas caóticas emociones solo logra posponer el proceso de recuperación: se necesita llorar y enojarse. Es necesario sentirse mal; a veces ultrajado, a ratos abandonado.

La ruptura genera una herida en el ego. Se lastima la imagen que teníamos de nosotros mismos, y nuestra sensación de autoestima y de que somos competentes se debilita. Se afecta también la manera de situarnos en el mundo y nuestra seguridad personal; surgen preguntas como ¿quién soy?, ¿qué hago ahora?, ¿hacia dónde me dirijo?... Al disminuir el sentimiento de valor personal son inevitables las fastidiosas preguntas como ¿qué estuvo mal?, ¿qué hice?, ¿por qué yo?, ¿qué me falta? o ¿qué me faltó? La sensación de debilitamiento se incrementa, la desorientación se apodera de nosotros y los miedos al futuro aparecen como fantasmas.

Comenzar de nuevo es una invitación a transitar un proceso de duelo y a elegir un camino de recuperación y crecimiento. La vida, después de una separación amorosa, abre puertas que invitan no solo a salir del caos, sino a crear una vida más rica, más interesante: una vida mejor. Caminar por este trayecto implica primero ubicar dónde nos encontramos, cómo llegamos hasta este lugar y descubrir hacia dónde queremos dirigirnos.

Hay opciones relativamente "cómodas", como evadir o negar lo que está ocurriendo. Estas estrategias, al alcance de la mano de todos, generan un "bienestar" temporal anestesiando el dolor, pero finalmente son opciones que llevan, si no a la frustración constante, a posponer la recuperación y, por lo tanto, la posibilidad de una vida más plena.

Instalarnos en el desespero y la no aceptación nos lleva a reaccionar con rabia, queja y victimización; actitudes que solo nos impulsarán a tomar decisiones irreflexivas, precipitadas y, por lo mismo, equivocadas. A la larga, estas "vías cortas" para salir del sufrimiento canalizan la energía en culpar a otros o "al otro" de nuestro fracaso y a perder no solo una pareja y varios amigos, sino a perdernos a nosotros mismos y la oportunidad de salir fortalecidos de una separación.

Todos queremos ser felices, todos tenemos derecho a un grado suficiente de satisfacción y bienestar, pero tras un divorcio o una separación hemos de partir de que disfrutar la vida nos tomará algún tiempo. Después de haber recorrido el camino necesario para recuperarnos habremos aprendido del pasado, nos conoceremos mejor y desarrollaremos partes de nosotros mismos desconocidas, paralizadas, reprimidas o simplemente ignoradas. Pero como todas las "intervenciones quirúrgicas", el camino de la recuperación requiere de una convalecencia para sustituir el sentimiento de fracaso del pasado, por un anhelo y entusiasmo de vivir el presente y una confianza de lo bueno que falta por venir.

En ocasiones, tratar de encontrar explicaciones de lo ocurrido nos da cierta lógica de lo que pasó y algún alivio. Es común, por eso, preguntarnos las razones que generaron el rompimiento. ¡Pero son tantas y tantas las raíces que generan los desencuentros amorosos, que no siempre existe una sola respuesta a situaciones tan complejas como un rompimiento!

Quizás más que preguntarnos qué falló, sería útil cuestionarnos "¿por qué elegí esa pareja?". Muchas personas se casan por motivos aparentemente equivocados, que en muchas ocasiones son razones que responden a la necesidad de un momento particular de su vida. Sin embargo, reconocer el final de una relación infeliz, violenta o no productiva puede ayudarnos a mirar el divorcio como una decisión que refleja una buena salud mental, madurez emocional y una disposición al crecimiento.

Cada vez más la separación se integra al ciclo de vida personal, y las rupturas amorosas se incorporan como una posibilidad en la vida de los seres humanos.

Ya diversos sociólogos, psicólogos y antropólogos anticipan que las nuevas generaciones han de prepararse para vivir entre dos y cuatro relaciones amorosas a lo largo de su vida. Un primer matrimonio de iniciación para cometer errores básicos y salir de la familia de origen. Un segundo matrimonio que convierte a la pareja en padres, relación que sería la de mayor duración y se vería agotada cuando los hijos hayan crecido. Un tercer amor, que es el de la autorrealización y la evolución personal, centrado en uno mismo y en el goce del encuentro. Y una última relación para los años del ocaso, cuando la pareja se acompaña de manera más espiritual.

Tal vez cuatro amores son muchos, pero, sin duda, hablar de dos relaciones a lo largo de la vida —una primera para dejar la casa paterna y otra que encarne, por ahí de los 40, la idea de la realización personal— es más que una posibilidad en la vida de muchos de nosotros, casi una constante.

Todo esto puede sonarnos lógico y factible, entendible y hasta cierto punto claro, pero ninguna explicación puede liberarnos, después de una terminación amorosa, del proceso de asimilación y recuperación necesario para aceptar, integrar y superar la ruptura.

Existe un proceso de recuperación diseñado por especialistas para recorrer este camino. Este se asemeja a la escalada de una montaña en distintas etapas. Es necesario ir avanzado por pasos, al ritmo requerido por cada cual, pero ni tan despacio que la vida de pronto se nos escurra de las manos ni tan de prisa que cuando nos demos cuenta hayamos llegado a lugares extraños y peligrosos sin el equipo necesario para adaptarnos a ellos.

Hay personas que se sienten sin fuerza para iniciar la escalada y, aunque empiezan el camino, se detienen al menor obstáculo. Otros son seducidos en el trayecto por una relación amorosa temprana que los calma antes de haber aprendido del sufrimiento. Otros se retiran a la comodidad de su pequeño mundo y se encierran en él, solo ven pasar la procesión que escala y prefieren no moverse de un lugar seguro y confortable. Otros más, desgraciadamente, eligen la autodestrucción que se manifiesta de mil maneras: en el abuso del alcohol, la depresión constante, en relaciones intermitentes de una noche, entre otras opciones dañinas que nunca llevan a un final feliz. Hay quienes esperan que su expareja se haga cargo de ellos, los mire y los levante.

Pero hay otros que avanzan y llegan a la cima. Son estos quienes estando arriba pueden gozar del privilegio que les ofrece la conquista del propio crecimiento. En este lugar, la posibilidad de tomar decisiones autónomas y responsables abre un abanico de oportunidades para elegir.

Aunque somos seres únicos, con experiencias únicas, existen patrones similares que necesitamos atravesar cuando nos divorciamos o separamos. Estos patrones son muy parecidos a los pasos a seguir en cualquier crisis de la vida, en cualquier pérdida. Podemos, en términos generales, distinguir cinco grandes etapas que facilitan atravesar el proceso de duelo después de una separación. La conquista de cada una de ellas nos prepara para avanzar a la siguiente y aproximarnos a la cima mencionada de una manera fortalecida.

1. *Salir del caos y retomar el equilibrio atravesando el duelo.* Esto implica recorrer con presencia y conciencia el dolor de la pérdida. Transitar por estados de depresión, enojo, culpa, tristeza, dolor y desesperación hasta poder alzar la cabeza y ver la luz de la aceptación que brilla del otro lado del camino.
2. *Aprender a estar solo cómodamente.* Asumir ese estado que llamamos soledad, al que tanto tememos y que al final es condición ineludible de la existencia humana. El reto de esta segunda etapa es experimentar la soledad y sostenernos en ella el tiempo oportuno. El desafío consiste en hacer de esta vivencia un redescubrimiento de uno mismo, con la finalidad de apoderarnos y desarrollar

capacidades y recursos personales no reconocidos ni explorados previamente. Esta etapa da la posibilidad de madurar y así tomar decisiones más certeras.

3. *Construir amistades sólidas.* Las redes de amigos son un recurso, además de valioso, indispensable para caminar este sendero. Si bien los amigos acompañan a lo largo de la vida, de manera particular en el proceso de separación son un sostén y un acompañamiento que aligera el camino. Mirar a nuestro alrededor y reconocer con quiénes contamos; generar grupos de amigos con quienes conversar, compartir, disfrutar. Después de un rompimiento las antiguas amistades se transforman: algunas se pierden por razones de lealtad a nuestra expareja mientras que otras se confirman y fortalecen. En este periodo hay que ser cuidadosos, ya que es muy fácil involucrarnos en una relación amorosa precipitada confundiendo el sexo y el amor con una necesidad de compañía y cariño.
4. *Iniciar relaciones eróticas o amorosas de corta duración*, experiencias que nos permitirán reaprender a amar y recuperar la confianza. Tenemos que redescubrir lo que está pasando en el mundo ya que llevamos años sin estar en circulación. Pensar que después de un rompimiento de pareja estamos en condiciones de encontrar al gran amor de nuestra vida es una ilusión y un gran error. Requerimos conocer gente, jugarnos y reencontrarnos como personas, como compañeros sexuales y amorosos. Explorar nuestro ser erótico, nuestra capacidad de vinculación, nuestros prejuicios respecto de la gente y las relaciones es parte esencial de este recorrido y se logra con la apertura a diversos encuentros sexuales, eróticos, amorosos, como parte del proceso. Por el momento en el que nos

encontramos difícilmente estamos en condiciones de tomar decisiones a largo plazo, lo que no significa que estos encuentros sean banales y menos de uso, abuso y consumo del otro. En esta etapa podemos acordar acercamientos comprometidos desde este ángulo de apertura y honestidad.

5. *Generar una relación estable de larga duración, si así lo deseamos, o bien elegir la soltería como opción de vida, temporal o permanente.* El recorrido del proceso nos habrá dado la serenidad, la experiencia y la sabiduría para hacer elecciones más conscientes y no desde un lugar de carencia, miedo y desesperación. La escalada de la montaña nos habilitará para llegar a esta etapa con el grado de libertad y responsabilidad necesarias para construir nuestra vida con base en nuestros deseos, necesidades, valores e intereses.

Es interesante resaltar que hoy la opción de vivir como persona soltera es una elección que hace algunos años estaba desacreditada. Para las mujeres era sinónimo de no poder conquistar y retener a un hombre y para los varones se interpretaba como la posibilidad de que fueran homosexuales o particularmente ideáticos. Si bien ser soltero hoy es una alternativa más aceptada socialmente, todavía hay contextos tradicionales que privilegian la vida de pareja, de preferencia matrimonial, y ven con malos ojos a las personas solteras.

No hay duda de que hay quienes permanecen solteros por tener ciertas características personales que dificultan los encuentros amorosos, pero también existen muchos otros casados que establecen relaciones francamente insatisfactorias o destructivas. Se puede ser soltero y vivir de forma solitaria, aislada e infeliz; pero también es posible todo lo contrario, con la ventaja añadida de que se suele estar libre de muchas hipotecas del matrimonio, literales y metafóricas.

En la actualidad la situación de la soltería dio un giro radical. Cada día más gente permanece soltera por propia decisión y su nivel de vida y opciones es muy alto. Ya hay incluso estadísticas de salud que avalan esta posibilidad: entre las mujeres, las que tienen más salud son las solteras; entre los hombres: los casados. Los solteros o divorciados tienen peor salud. ¿Será que perdieron a sus cuidadoras?

Separar la sexualidad y la reproducción fue uno de los acontecimientos más transformadores de la forma de ver y abordar la vida en el mundo occidental. En la actualidad, ya vemos otros desacoplamientos, como el que se da entre erotismo y matrimonio y, más aún, entre erotismo y amor, que surgen con fuerza y que han permitido una amplia variedad de relaciones entre los hombres y las mujeres. Por lo tanto, decir soltero hoy no es decir algo peyorativo. Ya no se asocia con la vida reprimida, solitaria, casta, humillada de algunas personas, en su mayoría mujeres, de antaño. Se puede ser soltero y gozar de un acompañamiento amoroso, erótico y comprometido.

El contenido de este libro es producto de años de trabajo profesional y personal. Personal porque ambos autores hemos transitado uno o varios rompimientos amorosos, lo que nos llevó a conocer el tema desde la propia experiencia. En el nivel profesional, acompañamos en el consultorio a muchos pacientes para tomar la decisión de terminar una relación amorosa, llevar a cabo acciones para concertar su decisión y recorrer el proceso después de la separación hasta la firma del divorcio. A algunos pacientes los asistimos solo en partes fuertes del proceso.

El contenido de este libro también es producto de años de estudio. Una parte es resultado de nuestra formación como psicoterapeutas de familia y pareja y otra de horas y horas de investigación, de lectura y de reflexión acerca de distintas propuestas de autores que se dedicaron al estudio del amor, de la pareja, del desamor y de los nuevos comportamientos amorosos.

Comenzar de nuevo antes de ser un libro fue un taller psicoeducativo. Al trabajar en terapia grupal con personas separadas y divorciadas vimos la necesidad de crear programas que permitieran una modalidad más práctica e intensa. Así diseñamos un taller de un día de trabajo, con la finalidad de facilitar el proceso de separación a personas que solicitaban nuestro acompañamiento y que no podían tomar una terapia individual o comprometerse en un grupo terapéutico quincenal.

Por medio de los talleres impartidos tuvimos la oportunidad de intercambiar con sinnúmero de personas de diversas edades, clases sociales, tipos de familia, que en distintas etapas de su rompimiento buscaron herramientas para atravesar el duelo y continuar su vida.

Comenzar de nuevo te acompañará en el recorrido que estás por iniciar. Su lectura te permite reconocer emociones, generar ideas, desafiar creencias rígidas, aprovechar sugerencias, cuestionar prejuicios, elegir propuestas y, sin duda, te facilitará dejar atrás una etapa dolorosa para dar cabida a un nuevo proyecto de vida que sabemos deseas desde hace tiempo y que hoy puede convertirse en tu realidad.

CAPÍTULO 1

Escalando la montaña

El duelo, todo un proceso...

Atravesar un proceso de duelo y escalar la montaña vale la pena. Tal vez te preguntarás cuánto tiempo durará la subida. Recuperarse de una separación puede variar en duración por diversas razones: las circunstancias en las que ocurrió el rompimiento, los años que duró la relación, las personalidades de los miembros de la antigua pareja y el tipo de familia que construyeron juntos, entre otras. Sin embargo, nos atrevemos a decir que varía de seis meses a tres años. Tiempo suficiente, realista y oportuno para salir fortalecido de una experiencia de separación. Sin duda tú avanzarás en este camino a tu propio ritmo, lo que te dará los beneficios particulares que requieres. Andar pausada pero de forma sostenida te permitirá atravesar oportuna y sanamente las distintas etapas de la ruptura amorosa.

Siempre que perdemos algo importante en nuestra vida sufrimos dolor. La pérdida de una pareja por divorcio o separación es una de las situaciones que más estrés y sufrimiento generan en una persona. El duelo es necesario en cualquier proceso de pérdida, por lo tanto es indispensable vivirlo cuando acontece un rompimiento amoroso. Lo primero es reconocer que te duele: el dolor es el indicativo de que algo en ti necesita sanar. Dejarte sentir el dolor te será incómodo y te pondrá ansioso, pero por lo mismo querrás hacer algo al respecto y remediarlo. Evitarlo o negarlo solo te lleva a posponer tu recuperación.

Mientras estabas dentro de una relación amorosa es probable que te sintieras lo suficientemente cómodo como para no sentir la necesidad de cambiar. Ahora que sientes el dolor del rompimiento tienes dos opciones: despreciarlo capoteándolo y desperdiciando la invitación a evolucionar, o bien usarlo como motivación para conocer quién eres hoy y qué eres capaz de hacer para crecer. Las crisis siempre abren dos caminos: el riesgo de quedarte atorado y decrecer o la oportunidad de aprender y transformarte. Lograr esto no es fácil pues requiere trabajo, pero es posible, útil y muy satisfactorio.

Si la ruptura te tomó por sorpresa, el *shock* de la noticia será bastante avasallador. Si por el contrario tú fuiste quien tomó la decisión de terminar la relación, este impacto inicial será ciertamente menos caótico de sobrellevar, lo que de ninguna manera significa que será fácil. Ambos, iniciador y terminado, atravesarán un periodo de profundo dolor. La noticia es más manejable para quienes están mejor preparados para vivir las crisis. ¿A qué nos referimos con estar mejor preparados para una crisis de separación?

Algunas personas, si bien anhelan que su relación de pareja sea estable y duradera, asumen que en el tema del amor no hay certezas, por eso no limitan sus aspiraciones a la vida conyugal, sino que desarrollan un proyecto de vida individual al que se entregan de manera apasionada y comprometida. Tener un proyecto de vida propio proporciona una independencia intelectual, emocional y económica, que además de dar sentido a la propia vida facilita superar una ruptura en el caso de que se dé.

La palabra duelo generalmente se asocia con la muerte de un ser querido. Todos sabemos que cuando alguien muere existen rituales establecidos que facilitan la asimilación del suceso tanto a familiares como a amigos cercanos. Resulta sorprendente descubrir que para las separaciones amorosas no existe un ritual definido que vaya más allá de una audiencia con el juez o una carta de acuerdos post divorcio.[2] Con frecuencia deja de reconocerse el proceso de duelo que se requiere en una ruptura conyugal, intentando dar vuelta a la hoja antes de haber andado el camino necesario para integrar esta pérdida.

Son muchas las pérdidas que se sobreponen cuando terminas con una pareja. Además del compañero amoroso se pierden propiedades, objetos materiales, dinero, amistades y relaciones familiares, entre otros. Puede haber también una pérdida de la proyección a futuro: con la promesa de "hasta que la muerte nos separe" los planes se truncan, carreras profesionales compartidas se desligan y una casa que se había convertido en hogar tendrá que reconstruirse. Todo este movimiento produce un desequilibrio que debilita el sentido de valía personal y, por lo tanto, la identidad conquistada hasta el momento.

A esto se suma que con frecuencia las crisis vienen en cascada. Generalmente el dolor de terminar una relación amorosa obliga a examinar el dolor del pasado, como por

[2] *N. del E.* Entre las tradiciones paganas, aun en la actualidad, existe un ritual denominado *handparting*, que tiene como objetivo que los miembros de la pareja que se ha disuelto cierren el ciclo y continúen con su vida sin asuntos pendientes. Los sacerdotes de estas tradiciones lo manejan como una especie de terapia transpersonal que permite la aceptación de lo que terminó y, con ello, la apertura hacia nuevos caminos.

ejemplo la muerte de un ser querido, situaciones de infancia no procesadas y carencias antiguas que suelen hacerse evidentes ante la situación de caos y abatimiento de la separación. Para aquellos que cargan con una pérdida no resuelta del pasado, el duelo amoroso puede tornarse particularmente doloroso y difícil, pues reactiva las experiencias de abandono, rechazo o separación previamente vividas.

Llenarte de culpas antes de aceptar que tu relación terminó de nada sirve. Hay quienes no dejan de preguntarse: ¿si hubiera hecho esto?, ¿si hubiera pensado lo otro? Una relación amorosa exitosa es muy compleja; actuaste lo mejor que pudiste con las cartas que tenías para jugar en ese momento. Ahora toca decidir qué cartas quieres conservar, cuáles deseas cambiar y desechar las que te impiden la construcción de un futuro más prometedor.

Es común que en esta etapa sientas la necesidad de hablar y hablar de tu situación. Quizás algunos de tus amigos se hayan cansado de escuchar la misma historia sintiendo que nada ganas con repetir lo mismo una y otra vez. Habrá amistades que, aburridas de escucharte, se alejarán sin entender que esta *diarrea verbal* es una manera de ir procesando lo sucedido. Requerirás buscar a otras personas con quienes puedas desahogarte y conversar.

Puede serte de utilidad no solo hablar del asunto de manera intelectual, sino tratar de expresar lo que sientes. Contactar la emoción y dejarla salir de manera oportuna, ya sea llorando, escribiendo o incluso gritando, facilita tu recuperación. Expresar los sentimientos no es lo mismo que hablar y hablar de ellos. Una sugerencia: si sientes que giras sobre lo mismo en exceso sin experimentar avance alguno, considera la posibilidad de pedir ayuda profesional.

Son muchos otros los síntomas que puedes vivir en esta etapa: sentirte emocionalmente agotado, tener insomnio, perder el apetito, bajar de peso o, por el contrario, comer de forma compulsiva. Puedes, además, presentar suspiros frecuentes, signo de que liberas tensión emocional, o bien expiraciones profundas, que ayudan a dejar salir los sentimientos.

Son comunes también los cambios rápidos de humor: pasar de la extrema tristeza al enojo profundo, de cierta indiferencia a la desesperación. La sensación de pérdida del sentido de realidad, la vivencia de estar como en las nubes y la experiencia de desconexión emocional son otras manifestaciones comunes que pueden sorprenderte. Todas son estrategias del cuerpo y la mente para no sufrir demasiado; incluso la falta de concentración, la falta de libido y hasta la impotencia o frigidez pueden ser síntomas del profundo dolor que estás viviendo. La experiencia llega a ser tan abrumadora que el temor a estar perdiendo la cordura te puede embargar.

Experimentar algunos de estos síntomas es parte natural de lo que estás viviendo y puedes manejarlos mejor si los reconoces y admites, aceptando que son indicadores de que hay un trabajo de duelo por hacer. Sentir el dolor sin negarlo es el primer paso y la forma más segura de evitar que tu cuerpo quiera expresarlo mediante síntomas psicosomáticos: desde achaques sencillos, como dolor de cabeza, hasta colitis, artritis, asma o úlceras. Un duelo no resuelto ejerce tensión considerable sobre tu cuerpo, la prolongación de un estado así puede llevarte a un sinsentido total con manifestaciones explícitamente autodestructivas como abuso de sustancias, exposición a riesgos innecesarios y deseos de muerte. Estos extremos pueden señalar una depresión profunda que requiere de atención médica precisa. ¡No te descuides!

Todos los síntomas del duelo pueden manejarse mejor admitiéndolos, permitiéndote sentir el dolor sin negación. Llorar, gritar, doblarte de dolor son actos no destructivos para expresar tu dolor; sin embargo, toma la decisión de expresarlos en un lugar y momento apropiados. Reconocer que todo esto ocurre te da el permiso de vivir el duelo con un mínimo de temor y ansiedad.

Para atravesar esta primera etapa del proceso te será muy útil identificar las fases del duelo. Mucho debemos a la doctora Elisabeth Kübler-Ross por su excelente trabajo en esta materia. El duelo, dice, tiene cinco fases concretas (que de alguna manera mencionamos):

Fase 1. La primera reacción a la sensación de pérdida es la *negación*. La negación te lleva a afirmar: "esto no me está pasando", "si espero un rato, todo estará bien y mi pareja regresará conmigo". El impacto de la noticia y la sensación de amenaza y pérdida pueden ser tan abrumadores que tu mente te llevará a integrarlos de manera dosificada; una forma de hacerlo es decirte que lo que ocurre no es verdad, que no está pasando.

Fase 2. Conforme uno empieza a aceptar gradualmente el final de la relación se desarrolla una sensación de *enojo*. En un principio el enojo se canaliza hacia adentro haciendo que te deprimas y luego se dirige hacia fuera contra otras personas; quizás, de manera particular, hacia el excónyuge. La expresión del enojo te hace sentir bien, pero también existe la inquietud de que debido a una explosión incontrolada tu ex se asuste y no regrese más. Esta ambivalencia produce sentimientos de culpa y confusión.

Un enojo mal manejado puede llevarte a querer convencer a los demás de lo terrible que era tu pareja, generando así un círculo vicioso que no te ayuda a avanzar: si hablas de lo bueno que es y que fue, ¿cómo puedes quedarte enojado?, pero si comentas lo terrible de la relación, entonces se entrometerá la pregunta de por qué elegiste amar a alguien así. Es importante, entonces, aprender a expresar tu enojo de manera constructiva. Veremos cómo hacerlo más adelante.

FASE 3. Al empezar a enfrentar el hecho de que la relación amorosa terminó, pero estando aun renuente a dejarla ir, empezarás a *negociar* en tu interior. Esta fase es peligrosa para el proceso de separación porque puede impulsarte a regresar a la relación por motivos equivocados: evitar la soledad, por tristeza, por culpa o por promesas poco probables de cumplir. El regateo puede no ser necesariamente con la otra persona sino contigo mismo. En esta fase intentas convencerte de que algo puede transformarse para continuar con la relación.

FASE 4. Esta fase consiste en *dejar ir* la relación y se asemeja en cierto sentido a la oscuridad antes del amanecer. La depresión es característica de esta etapa, pero es una depresión distinta de la del inicio. Esta fase está llena de diálogo interno acerca del significado de la vida: ¿por qué estoy aquí?, ¿cuál es el propósito de mi vida? Es un periodo de crecimiento personal que te impulsará a construir una identidad más sólida, a encontrar el propósito más profundo de tu vida y a hacer de tu propia existencia algo significativo.

Hay quienes tienen sentimientos suicidas durante esta fase, las personas se sorprenden de sentirse de nuevo tan deprimidas dado que ya pasó bastante tiempo desde que ocurrió la separación. Si este es tu caso, puedes vivir frustración por ver poco avance después de un camino tan arduo. Ser consciente de que este desaliento es normal te permitirá recorrer este periodo con menos desconcierto y desesperación. Saber que la depresión que sientes tiene sentido y llegará al fin evitará que te instales mucho tiempo en este estadio y que lo vivas como un retroceso. Por el contrario, piensa que es el inicio de la verdadera aceptación.

Fase 5. Llegas finalmente al momento de la *aceptación*; aceptas con serenidad haber perdido la relación amorosa. En esta etapa empiezas a sentirte libre del dolor emocional del duelo y a percibir que ya no necesitas invertir tiempo ni dolores físicos y emocionales en la vieja relación. Llegado a este punto podrás seguir el ascenso de la montaña hacia una libertad personal y una vida más plena.

El reconocimiento del proceso de duelo con sus cinco fases te permitirá transitar el camino con un mínimo de temor y ansiedad. Saber que hay un trayecto que tienes que recorrer y que ya fue atravesado exitosamente por otros genera cierta seguridad. Entender que lo que vas experimentando es justo lo que toca en ese momento te ayudará a sumergirte en cada fase de manera propositiva y deliberada.

Es sumamente importante elaborar estas cinco fases del duelo antes de iniciar una nueva relación amorosa, de modo que el nuevo compañero no sea un intento de recargarte en alguien por el temor a caminar con tus propios pies, sino un encuentro desde la libertad y el amor.

¡A mí no me va a pasar!

Nadie planea separarse y la mayoría de nosotros cuando nos encontramos frente a ese momento tendemos a minimizarlo o a negarlo. Queremos, cual avestruces, meter la cabeza en la arena para evitar la tormenta. Pero la ceguera no es la solución y al paso del tiempo nos sorprendemos al ver que los problemas o temas irreconciliables en nuestra relación amorosa eran más evidentes para los demás que para nosotros mismos.

Es difícil consolar a alguien cuando está tan dolido. Probablemente sientes como si hubieras fracasado, como si te hubieran dado un fuerte golpe emocional, como si acabaras de atestiguar una muerte a pesar de que sigues vivo. Si te sientes así puede servirte ser escuchado por otros y que de esa manera te acompañen a aceptar la realidad de la crisis.

Tal vez insistas en preguntarte algo que muchos de quienes terminan un matrimonio se cuestionan: ¿qué pasó?, ¿cómo ocurrió? La mayoría de la gente necesita entender cuál fue el error que cometió, quieren realizar una autopsia de la relación muerta para entender el porqué del rompimiento. La naturaleza humana es muy compleja, somos seres contradictorios e incongruentes, la vida de pareja lo es de manera particular. Sin embargo, cierta comprensión de lo ocurrido facilita de algún modo superar la negación.

Existe una comparación que puede darte alguna explicación de lo ocurrido. En una pareja existen tres entidades: dos personas y la relación construida entre ellas. La pareja se parece a un puente, mientras que las dos personas que la integran representan los cimientos en cada extremo del puente. La relación es el arco que conecta estos dos cimientos.

Cuando se presentan cambios en uno o ambos cimientos, se ejerce tensión sobre el puente. Algunos cambios son demasiado grandes para que el puente los soporte y este se desquebraja y cae. En las personas, dichos cambios pueden resultar a partir del crecimiento personal, de su trayectoria educativa, de algunas experiencias religiosas y por cambios de actitud ante la vida o vivencias de sufrimiento. Eventos puntuales como mudanzas, nuevos trabajos y nuevas amistades también pueden movilizar los cimientos y desestabilizar la relación. Desde el estrés cotidiano hasta la reactivación de un trauma pasado generan cambios que impactan el equilibrio de la pareja.

Para evitar que una relación se tambalee podría tomarse la decisión de no cambiar a lo largo de la vida, de no crecer, pero una elección de este tipo no solo es imposible de llevar a la práctica sino poco recomendable. La vida es, en sí misma, un devenir permanente. Hasta el agua estancada se pudre. El cambio es la única constante.

Si lo que queremos es cuidar la relación sería más adecuado prevenir en la medida de lo posible el desajuste que provoca el cambio y el crecimiento desacoplado. Dos de las habilidades que valdría la pena aprender a lo largo de nuestra vida es cómo construir ese puente con cimientos sólidos y qué estrategias utilizar para evitar que el paso del tiempo lo erosione y lo venza a las primeras de cambio. ¿Y dónde recibimos educación y capacitación para estas dos importantes misiones? Casi podríamos afirmar, de manera explícita, que en ningún lado. En la mayoría de los casos estos aprendizajes los integramos a temprana edad a partir de lo vivido en nuestras familias de origen.

Cuando preguntamos a pacientes o alumnos si quisieran tener un matrimonio como el que tuvieron sus padres, casi todos contestan negativamente. Pocos de nosotros recibimos una buena capacitación en nuestras familias acerca de cómo tener una vida de pareja suficientemente satisfactoria. ¿Tú recibiste buen ejemplo o buenos consejos en casa acerca de cómo ajustarte a la tensión en tu relación amorosa? Sin enjuiciar a tus padres, seguramente encontrarás varias razones por las que no hubieras querido replicar su relación.

Hay quienes dejan a su pareja pensando que otra persona podrá darles lo que esta no les dio; tal vez este es tu caso. Si bien nadie puede satisfacernos por completo y menos aún si nuestras demandas son de corte infantil o neurótico, hay quienes en un nuevo encuentro amoroso pueden crear una relación más plena y acorde con sus significados y propósitos vigentes. Sin embargo, es importante ver que todas las relaciones amorosas tienen algunas fisuras en sus cimientos y, en muchos casos y por muchos motivos, estas fisuras pueden terminar en rompimiento. Los patrones de conducta que se generan al inicio de la vida de pareja tienden a predecir el final, del mismo modo que las interacciones que desgastan a la pareja inician mucho antes de que se plantee la separación.

Probablemente hoy es difícil para ti ver las fisuras que existían en tu relación y más aún entenderlas; tu trabajo personal y el paso del tiempo te darán una mejor comprensión de lo sucedido. La claridad que obtengas paso a paso será una herramienta útil para continuar tu vida.

Revisemos un ejemplo: una persona se casa sin haberse diferenciado emocionalmente de sus padres, es decir, sin haber logrado liberarse lo necesario de la influencia paterna y construido su propia identidad. Al paso del tiempo esta persona termina con su pareja, pero al examinar lo sucedido verá que lo que quería cortar era el control y la influencia de sus padres y esto traspasaba su relación conyugal. El rompimiento amoroso en este caso es una manera de llevar a cabo una tarea que pertenece a otra etapa del desarrollo.

Continuando con ese ejemplo sirve que, además de preguntarte por qué falló tu relación, te cuestiones qué te llevó a elegir a esa persona como pareja. Muchos se casan por motivos aparentemente equivocados, razones que responden a la necesidad de un momento particular de su vida: hay quienes se comprometen matrimonialmente para superar la soledad o para salir de un hogar infeliz; otros hacen pareja por la necesidad de desempeñar el papel de padre/madre para alguien o por la necesidad de encontrar otro padre/madre para ellos mismos. Algunos más se casan porque se enamoran y consideran el enamoramiento como razón suficiente para consolidar una relación.

Hablaremos más adelante acerca del amor, pero de momento basta decir que existen muchos niveles de amor y no todos son los suficientemente maduros para servir de base a la construcción de una pareja. Con frecuencia idealizamos a la otra persona y nos enamoramos más de una imagen platónica que responde a nuestras carencias que de la persona misma. Terminada la luna de miel pasa algún tiempo antes de que la realidad nos alcance, pero la desilusión puede hacerse presente al ver que el compañero elegido no está a la altura de la imagen que de él habíamos creado. Tal vez el enamoramiento es un intento de llenar nuestro propio vacío más que una plataforma consistente sobre la cual construir un matrimonio; podríamos pensar entonces que enamorarse es el inicio de una relación amorosa que tiene que construirse en verdadero amor. Algunas parejas dan ese paso, otras se quedan en la frustración y el desencanto.

Hay otro fenómeno interesante que con frecuencia contribuye al deceso de una relación amorosa. Muchas parejas cometen el error de invertir todo su tiempo y energía en un proyecto externo a la pareja: la construcción de una casa nueva, el inicio de un negocio o el estudio de una especialidad. La misma idea de hacer una familia y sacar adelante a los hijos corre el riesgo de convertirse en un proyecto periférico a la vida conyugal. El logro de estos objetivos puede ocupar tanto a la pareja que les deje poca energía para invertir en su relación. El proyecto puede ser en sí mismo un método para evitar al otro, por lo que una vez alcanzado, la pareja se percata de que no tienen nada en común y que los logros obtenidos se convierten en el monumento que simboliza su separación.

Aquellos que se casan por las razones equivocadas tal vez se pueden describir a sí mismos como medias personas que tratan de convertirse en una persona completa al encontrarse con el otro, hasta los votos matrimoniales habituales hablan de "dos personas que se convierten en una". Un individuo infeliz espera que el matrimonio o la relación de pareja le traiga la felicidad, lo complete, lo haga uno y fuerte con el otro. Esta expectativa exagerada de seguridad y satisfacción, de cercanía y totalidad, se ve frecuentemente frustrada y su efecto es la asfixia del verdadero amor.

Por su parte, dos personas completas capaces de enfrentar la vida solos tienden a tener una relación mucho más dinámica que la resultante de dos medias naranjas que se juntan en el intento imposible de llegar a completarse. Ser una persona madura y satisfecha consigo misma y con su vida es una tarea personal, una misión que puede ser acompañada por la pareja, pero nunca es responsabilidad del otro.

Como ves, ser pareja es una tarea compleja que requiere más allá de buenas intenciones. Comprender esto permitirá que dejes de culparte y castigarte por tu rompimiento. Una relación que lastima no merece la pena ser conservada: poner punto final en un matrimonio infeliz, violento o pobre puede ayudarte a mirar el divorcio como una decisión que refleja buena salud mental, madurez emocional y disposición al crecimiento. La separación hoy se integra como una posibilidad en el ciclo de vida personal.

Es momento de actuar mirando tu futuro, es tiempo de apostar por el resto de vida que te queda por transitar. De nada sirve que te detengas en el pasado. Intenta decirte a ti mismo: "Hice lo mejor que pude con lo que sabía y con las herramientas que tenía en ese momento" y déjalo ir. Es hora de trabajar con el hoy y luego el mañana y después con el día siguiente, y así paso a paso mirar de pronto la cima de la montaña que estás por conquistar.

Sí, se acabó

Tal vez tu relación se fracturó al grado de llegar a una separación física, quizás estás pensando en el divorcio, pero aún el final no es definitivo. Estar distanciados, viviendo cada uno a solas, puede ser una herramienta para cambiar los viejos patrones de interacción. Si continuamos con la metáfora del puente y sus cimientos, esta estrategia consistiría en clausurar por un tiempo el paso del puente mientras se apuntalan sus cimientos.

Hay que vivir el crecimiento personal antes de empezar a trabajar en el puente. Es fácil volver a vivir juntos, pero si las dos personas no cambian será difícil transformar la antigua relación y convertirla en algo más significativo. También por esta razón te recomendamos escalar la montaña antes de abrir la posibilidad de regresar con tu antigua pareja.

Quizás avanzando el trayecto te percatarás de que tu relación amorosa, como en la mayoría de los casos, ya había terminado aun antes de la separación o del divorcio. No es fácil aceptar este desenlace, cuesta trabajo asumir errores que se dieron en el trayecto: omisiones, falta de escucha, discusiones y desgastes innecesarios. Es difícil ver también que las decisiones que cada uno fue tomando los llevaron por caminos diferentes; con intereses, deseos y valores distintos. Pero es mejor reconocerlo antes de forzar una reconciliación que, por demás, será una nueva desilusión.

Aceptar que tú fuiste parte del problema y que tuviste un papel en el rompimiento, sea del tipo que sea, es doloroso. Responsabilizar a tu pareja, a la familia, a la sociedad implica mucho menos trabajo interior. La primera piedra necesaria para la reconstrucción de tu vida es salir de la negación asumiendo tu parte de responsabilidad.

Aprenderás mucho conforme continúes el ascenso de la montaña. Por ahora, respira profundo y afirma para ti: "mi relación amorosa terminó" y date la oportunidad de llorar un poco. Dar este paso puede hacerte sentir muy triste;

reconocer las fisuras que se venían gestando y asumir responsabilidad por las mismas duele, pero sin duda es un requisito indispensable para que aclares en dónde estás parado hoy y generes la fortaleza que requieres para continuar. El dolor emocional se torna intenso en la medida que te reconoces solo, pero también abre la posibilidad de ver esta etapa como algo necesario para transformarte. La soledad conscientemente aprovechada puede convertirse en una herramienta de cambio.

¿Cómo insistir, de manera convincente para ti, que no es momento de involucrarte en otra relación amorosa? ¿Cómo explicarte que la vulnerabilidad que hoy vives requiere más de buenos amigos para sobrepasar el dolor que de nuevos amantes? Lograrlo te implicará aferrarte al mástil de la autodisciplina hasta que hayas sanado parte de tu dolor emocional. Una relación iniciada cuando se sufre un dolor profundo atenúa el sufrimiento a corto plazo, pero a la larga retrasará una auténtica sanación. Por eso en esta etapa son más útiles las relaciones amistosas que te ayudan a contener el dolor sin negarlo y sin distraerte de él. No te estamos sugiriendo que te dejes caer en un abismo de sufrimiento, como víctima masoquista, sino que atravieses el dolor que hoy toca experimentar sin evadirlo.

El enojo: *maldito hijo de...*

El enojo es un sentimiento inevitable en el proceso de duelo. Dejar a alguien con quien se proyectó una vida compartida o ser dejado por ese alguien produce enojo. Vivirlo es tan incómodo que puede disfrazarse de muchos otros sentimientos.

Hay quienes a lo largo de la vida fueron víctimas de maltrato. Si este es tu caso, probablemente te costará mucho expresar el enojo; estuviste acostumbrado a amoldarte a los deseos de los demás, por lo que seguro te sientes más culpable que enojado.

Estar acostumbrado a dar y darse a los demás sin atender las propias necesidades y sin sentirse merecedor de recibir es común entre las personas abusadas; aprender a recibir de los otros sin pensar que les debes algo, aprender a sentirte bien contigo mismo, es una tarea importante si te identificas con esta situación. Construir la propia identidad se logra por medio de la relación con otras personas, al ejecutar diversas actividades, descubrir tus intereses y plantearte metas propias. Todo esto te ayudará a escapar del papel de mártir y a contactar con el enojo sin disfrazarlo de culpa.

El enojo, con frecuencia, puede ser una sensación secundaria que encubre y enmascara otro sentimiento más amenazante. Este ocurre cuando nos enojamos en vez de sentir frustración, rechazo, inferioridad o tristeza. ¿Cuál es el sentimiento real que se activa en ti cuando alguien o algo te hace enojar? En tu proceso de separación, ¿es el enojo un recubrimiento para evitar un sentimiento de minusvalía e incompetencia personal?

Cuando una relación amorosa se rompe, la persona a quien terminan tiende a experimentar un miedo muy grande. El enojo puede ser una manera de luchar contra el miedo y tal vez una estrategia para secretar la adrenalina necesaria que ayude a superar el temor. Como ves, la cara del enojo tiene muchas facetas que aparecen de acuerdo con las circunstancias externas en que te encuentras, así como las de tu propia personalidad.

Tras una separación amorosa, afrontar el enojo utilizando los medios adecuados para expresarlo es una tarea importante. Necesitas ventilar y liberar este sentimiento de tal forma que no lastime y destruya a las personas que te rodean, a tu expareja en particular, con la que generalmente querrás desquitarte.

El sentimiento de enojo es una parte natural, incluso saludable, del ser humano; pero enojarse es diferente de agredir: la agresión es una forma destructiva de expresar el enojo. Tomando en cuenta esta distinción, no te recomendamos reprimir el enojo, pero tampoco dejarlo salir de forma agresiva. Si te haces consciente de esto aprenderás a expresar tanto tu enojo del divorcio como tus enojos de la vida diaria de manera constructiva. Si tras una separación no manejas correctamente tus reacciones de furia, el incendio del enojo puede extenderse a otros bloques y no solo impedir tu progreso personal sino deteriorar también otros aspectos de tu vida.

Reprimir el enojo en vez de expresarlo es el extremo contrario a la agresión y también el camino seguro a la depresión. La depresión, con frecuencia, es justo eso: un enojo enterrado en lo profundo de la persona. Es común en las primeras fases de una separación no enojarse y por lo tanto deprimirse. Si tú provocaste la separación probablemente esconderás tu enojo tras la culpa; si tú fuiste el terminado intentarás contenerlo por temor a que tu pareja, al observarlo, no quiera regresar.

Pasa el tiempo y, antes que después, el enojo aflora con mucha fuerza; además, tiende a salir de manera violenta. Las consecuencias de estos arrebatos durante el proceso de divorcio no tardarán en dejarse ver en tus hijos, en las erróneas decisiones al negociar, en las reacciones con tu expareja y finalmente en tu estado emocional y mental. Controlarte y encontrar métodos más adecuados de expresar la furia y el rencor te ayudarán, a la postre, a obtener mejores resultados y a conseguir una merecida paz interior.

Con frecuencia los enojos virulentos, aun en los procesos de separación, no corresponden a lo que está ocurriendo. Pareciera que las personas dejamos salir temas enterrados y que tuvieron su origen en otras etapas de nuestra vida. Si nos enseñaron como niños a expresar libre y constructivamente nuestros sentimientos de enojo no los habremos acumulado ni enterrado, pero si crecemos entre personas muy enojadas que incrementaron la frustración natural de la vida seguramente acumulamos lo que podría llamarse una furia infantil: el enojo se acumula durante la niñez convirtiéndose en capas que cubren nuestros instintos y cualquier evento pequeño puede disparar un comportamiento inadecuado.

No es extraño que hayamos aprendido a expresar el enojo de la misma manera en la que lo hicieron nuestros padres. Las formas más comunes de hacerlo son desde una expresión pasiva, poco asertiva, como sería no escuchar a la pareja, hasta reacciones de agresión y hostilidad con gritos, golpes, ironías e insultos verbales en general. Entre ambos extremos existe una forma mucho más oportuna que se caracteriza por ser directa, asertiva, clara pero no hostil, la que facilita dar salida a nuestra molestia y validar nuestra posición sin lastimar a los demás.

En muchas de las separaciones amorosas se observa la dificultad que tuvo la pareja de expresar el enojo a lo largo de su matrimonio. Esto hace que el sentimiento se acumule de tal forma que cuando se llega al rompimiento explota de manera desproporcionada: dejamos salir no solo el enojo correspondiente al dolor y a la frustración de la presente separación, sino también las capas concentradas de decepciones añejas. Una crisis de este tipo puede ser, paradójicamente, la oportunidad para actualizar asuntos pendientes mediante un fuerte trabajo interno.

El manejo del enojo requiere de la distinción de tres fases importantes. La primera fase consiste en aceptar el hecho de que enojarse está bien y que el enojo es un sentimiento natural que constituye parte de la vasta gama emocional del ser humano. ¡Hay tantos mitos en nuestra sociedad que dicen que el enojo significa debilidad, infantilismo, inadecuación y destrucción! La formación judeocristiana occidental en la que crecimos nos enseñó que no es aceptable sentirse enojado, como si el hecho de enojarse reflejara que somos malas personas.

El segundo paso, después de aceptar que somos humanos y podemos sentirnos enojados, es reconocer y utilizar diversas maneras positivas de expresar esta emoción. Son muchos los caminos constructivos que permiten expresar el enojo: el humor, el ejercicio físico, la psicoterapia, la catarsis planeada, entre otras maneras que examinaremos a continuación.

Uno de los aspectos más destructivos durante el proceso de divorcio es usar a los hijos como vehículo para expresar la rabia con la pareja. Es usual ver a niños atrapados en los enojos de los padres al ser utilizados como espías y recaderos: los interrogan, depositan en ellos sus quejas y reproches haciéndolos partícipes de las frustraciones adultas. Olvidan poner foco a lo que es mejor para los niños porque están decididos a vengarse y ganar la partida.

La tercera fase del enojo es aprender a perdonar. Esta etapa no solo consiste en perdonar a la otra persona, sino en perdonarte a ti mismo también. Si te centras en culpar al otro por el fin de tu relación eres de las personas que no hicieron un suficiente trabajo consigo mismo. Cuando abordes y manejes tu propio enojo empezarás a darte cuenta de que el fracaso, la culpa y la responsabilidad son calles de dos sentidos.

Hacerte responsable de tu enojo puede tomarte mucho tiempo, requieres suficiente madurez y fortaleza para lograrlo. ¡Es mucho más fácil culpar a otros! El enojo es como un fuego que debe quemarse hasta obtener las cenizas del perdón; ser pasivos ante él es como echarle más leña a ese fuego e impedir su extinción. El auténtico perdón a uno mismo permite la liberación del enojo y la paz interior. Pero si vemos el enojo como una fuente de energía entendemos que dicha energía tiene que consumirse. ¿Cómo ayudar a que esto ocurra oportunamente? La actividad física es una buena manera de utilizarla: cuando juegas tenis o futbol puedes con cada golpe a la pelota dejar salir el enojo que sientes hacia determinada persona. Si a este golpe agregas algunos gruñidos y refunfuños, utilizando las cuerdas vocales, el resultado de liberación será mucho más eficaz.

Otra herramienta concreta para manejar los malestares del enojo es el uso de mensajes "yo". Esta manera de comunicarse empieza con la palabra "yo" que te invita a responsabilizarte de tus sentimientos en vez de convertir a otra persona en la causa de tu irritación. Los mensajes "yo" también te ayudan a identificar lo que experimentas en lugar de encubrir tus sentimientos depositándolos en otra persona. Tal vez la parte más importante de un mensaje "yo" es la que comunica tu auténtico sentir, la causa de tu molestia y el deseo o necesidad frustrada que te enoja. Estos mensajes permiten poner foco en el malestar y no en lastimar al otro. Un ejemplo sencillo consiste en decir "¡me enoja que nunca me tomes las llamadas de teléfono!" en lugar de afirmar "¡tú siempre me haces enojar!".

El humor es también una manera muy útil para deshacerse del enojo: burlarse de uno mismo, caricaturizar la situación y reír, no solo libera energía negativa acumulada, sino que produce sustancias positivas que activan reacciones de serenidad y optimismo en el cuerpo. Pero, así como reír sirve, llorar es otra manera útil de contactar con la tristeza que casi siempre subyace bajo la rabia. Llorar es una expresión positiva y honesta de los sentimientos: el llanto también produce gran liberación. Escribir una carta y plasmar todas las cosas que quisieras gritar a tu expareja y no puedes hacer, llamar a un amigo y decirle que necesitas hablar del enojo que sientes, pintar, leer o practicar la meditación son otras alternativas positivas para deshacerte del enojo.

¿Sabes que algunas personas tienen gran dificultad para expresar su enojo porque necesitan guardarlo para usarlo como herramienta de castigo contra el otro? Si lo sueltan se sienten sin fuerza para vengarse. Pregúntate si no obtienes alguna recompensa o ventaja al acumularlo, pero cuestiónate también qué tipo de persona te gustaría ser, cómo te ves en algunos años y si quieres construirte como un ser humano realizado o como alguien resentido.

Si bien el enojo tras una separación adquiere una dimensión especial, los altibajos de la vida producen un enojo misceláneo que hay que saber manejar también. Para eso es importante darnos cuenta de que nuestras acciones son diferentes de nuestras emociones: se vale sentirnos enojados, pero no podemos actuar destructivamente en función de ese enojo.

Concluyamos con algunos tips para crear un mejor manejo de tu enojo cotidiano:

1. Reconoce y permítete creer que el enojo es un sentimiento natural, normal, saludable; no malo, sino humano. Todo mundo lo siente, solo que no todos lo expresamos. No le temas.
2. Recuerda que tú eres responsable de tus sentimientos. Hay cosas que no te gustan de lo que ocurre a tu alrededor, pero esto no significa que los otros te hagan enojar.
3. Ten presente que el enojo y la agresión no son la misma cosa. El enojo puede expresarse de manera asertiva.
4. Conócete a ti mismo de modo que puedas detectar los acontecimientos y comportamientos que disparan tu enojo.
5. Aprende a relajarte y usa esta herramienta cuando se dispare tu rabia.
6. Desarrolla métodos asertivos para expresar tu irritación.
7. Aborda los problemas en el momento en que surgen, cuando aparecen los sentimientos y no horas, semanas o días después de rumiarlos.
8. Enójate, pero desarrolla un estilo positivo para hacerlo. Prueba en tus relaciones familiares, con amigos y con futuros amantes expresarte de manera clara, honesta, firme y por lo tanto asertiva. Comunicarte constructivamente te ayudará a manejar los conflictos y a generar relaciones más libres, íntimas y satisfactorias.

Dejando ir el cadáver emocional

Deja de invertir tus emociones en una relación amorosa muerta. Es más fácil soltar el pasado si tu propio recipiente vital, tu ser interior, está lleno y satisfecho. Si tú propusiste la terminación de la relación dejarás ir con más rapidez al otro; esto se debe a que en ti el proceso de separación inició mucho antes de la separación física y fuiste desprendiéndote poco a poco. No dejar ir puede ser un síntoma de que no estás siendo consciente de algunos sentimientos dolorosos que te embargan y evitas enfrentarlos.

No solo es difícil soltar los fuertes lazos emocionales que aún quedan de la relación amorosa terminada, también cuesta trabajo soltar el enojo, la amargura y el rencor. Si sigues hablando mucho de tu expareja, ya sea en términos de cariño o de rabia, es que no lo dejaste ir.

Si tú fuiste quien propuso la separación tal vez quieras ser amable con el otro para evitar sentirte culpable; esta conducta solo prolonga el dolor. Actuar con aplomo, valor y consistencia los beneficiará a los dos. Durante esta fase temprana de rompimiento, mantener una amistad con tu expareja no es conveniente. Intentar ser amigos puede prolongar el proceso de separación y hasta poner en peligro la posibilidad de generar una relación amistosa más adelante.

Otra conducta que no te ayuda a soltar la relación es lo que llamamos el síndrome del fugitivo. Muchos divorciados en algún momento del proceso tienen el impulso de fugarse. La fuga puede ser positiva si consiste en invertir tu energía en la búsqueda un nuevo trabajo, en el acercamiento a tu familia de origen como sistema de apoyo o en el fortalecer la red de amigos que habías descuidado. Pero si estás huyendo para no afrontar lo desagradable de la situación valdría la pena reconsiderar las elecciones que estás tomando; los cambios acelerados e innecesarios solo incrementarán tu tensión y pospondrán el avance del duelo.

Parece haber una conexión entre tres etapas del proceso de duelo: negar que la relación terminó, atravesar el duelo de la pérdida y dejar ir el cadáver de la relación. Conforme avances en este caminar podrás trabajar casi al mismo tiempo estos tres bloques interconectados; progresar en uno alimenta el avance en los otros dos, generando un círculo de transformación.

¿Cómo dejas ir? ¿Cómo dejas de amar a una persona con quien compartiste un pedazo de vida? Existen acciones concretas que por simples que parezcan te facilitarán soltar la relación. Puedes pasear por la casa y retirar todas aquellas cosas que te hacen pensar en el pasado: fotos, regalos de boda, regalos de cumpleaños y otros objetos similares que representan un recordatorio constante. Tal vez reacomodes los muebles dentro de la casa, quizás modifiques las habitaciones a tal grado que se parezcan lo menos posible al espacio que habitabas cuando vivías en pareja. La cama con frecuencia es un símbolo particularmente importante; ponerla en otro cuarto, venderla o al menos cambiar su colocación puede hacer una diferencia.

Otra estrategia para dejar ir es hacer un duelo intensivo. Si te decides a llevarlo a cabo destina un fin de semana para sacar todo lo que te recuerda la relación y elige sumergirte en el dolor para acelerar el proceso. Este periodo puede ser muy deprimente, por lo que te recomendamos que tengas a alguien cerca para que te apoye. Pasados dos o tres días, ¡se acabó! y a lo que sigue.

Controlar tus pensamientos y fantasías acerca de la expareja también ayuda a soltar la relación terminada. Siempre que llores por tu ex piensa en algo doloroso o desagradable de la relación. Esto te llevará a dejar de lado la posibilidad de volver. Opta por concentrarte en otra imagen o tema en lugar de enfocarte en el viejo amor.

Si tienes muchas dificultades en dejar ir pregúntate: ¿Qué sentimiento fuerte emergería en mí si dejo ir a mi pareja? Tal vez tu renuencia a soltar el pasado encubre un sentimiento enraizado más abajo, por ejemplo, el miedo a experimentar la sensación de rechazo. Si descubres un sentimiento así habrá que trabajarlo concretamente para poder soltarlo. No dudes en pedir ayuda profesional si te sientes muy atorado.

Otro aspecto problemático para muchas personas es lidiar con las llamadas telefónicas, cartas y visitas de la expareja. La resistencia al cambio por parte de tu ex puede molestarte, pero si tú lo permites es que también te está costando terminar. Se necesitan dos para que el juego siga, tendrás que volverte asertivo y firme ante esos intentos de acercamiento para poner fin a una dinámica que prolonga la separación.

El objetivo de elaborar esta etapa es invertir emocionalmente en tu propio crecimiento en vez de abonar en una relación que terminó. Cerrar bien esta fase de tu vida requiere no seguir depositando en una cuenta que fue cancelada. Hoy toca invertir en ti mismo, hoy es momento de abrir una cuenta emocional personal.

IDEAS PARA VALORAR MI AVANCE

1. Comienzo a entender algunos de los motivos por los que no funcionó mi relación y esto ayuda a superar los sentimientos de negación.
2. Creo que aunque la separación es dolorosa puede ser una experiencia positiva y creativa.
3. Trato de expresar la tristeza del duelo, no de enterrarla. Esto me permite tener energía física y emocional casi todo el día.
4. Controlo mis emociones y mi ánimo, ya no siento que pierdo la cordura.
5. Evito hablar de forma compulsiva acerca de mi crisis, pero me siento cómodo platicando con mis amigos y familiares cercanos acerca de que mi relación terminó.
6. Identifico en cuál de las cinco fases del duelo me encuentro.
7. Reconozco duelos pasados que no atravesé y ya los estoy elaborando.
8. Puedo comunicarme con mi expareja de manera calmada y racional cuando se necesita.
9. Percibo que la necesidad de descargar mi enojo y dolor con mi expareja terminó.
10. Evito culpar a mi expareja por el fracaso de nuestra relación.
11. Tengo la capacidad de admitir que me siento enojado y lo expreso de manera constructiva.
12. Evito alterarme emocionalmente cuando pienso en mi expareja.

13. Puedo aceptar que mi expareja tenga una relación amorosa con otra persona.
14. Vivo como una persona soltera sin más compromiso con mi expareja que el de honrar la relación.
15. Quiero aprender a lidiar con mi soledad y tener amigos antes de comprometerme en otra relación de pareja.
16. Estoy listo para invertir emocionalmente en mi crecimiento personal y llegar a ser la persona que quiero ser.

CAPÍTULO 2

Hablando de soledad

A veces no me siento
tan solo
si imagino,
mejor dicho, si sé,
que más allá de mi soledad
y de la tuya
otra vez estás vos,
aunque sea preguntándote a solas
qué vendrá después
de la soledad.

MARIO BENEDETTI

¡Estoy solo!

Soledad es estar rodeado de gente
y añorar al que falta.

La soledad es uno de los sentimientos más avasalladores. ¡Sobre todo si estamos atravesando una separación amorosa! Nos remonta a las primeras etapas de la vida cuando cualquier separación de nuestra madre nos dejaba inconsolables y nos hacía sentir angustiados y fuera de control. Sin saber qué hacer, esa experiencia primaria nos llenaba de miedo. Muchos de nuestros temores tienen su origen en esa primitiva angustia de separación, cuando un cúmulo de emociones se quedaron sin expresarse. Hoy no entendemos qué es lo que tanto nos asusta.

Ahora que somos adultos, una separación nos conecta con aquella experiencia temprana. Dependiendo de nuestra historia personal vivimos la ruptura amorosa con más o menos desespero y es que la pérdida presente se conecta con algo que nos rebasa, que nos angustia, que nos deja muertos de miedo y con frecuencia sin palabras para poder expresar con claridad la lluvia de emociones y sentimientos que con ella se generan.

La pérdida de un amor desencadena un mecanismo que nos conecta con todas las pérdidas importantes que sufrimos y la soledad toma un lugar central en la escena del rompimiento. Si a esto agregamos los movimientos que se originan en el momento de tomar la decisión, probablemente experimentaremos un hueco en momentos de la vida cotidiana, en asuntos triviales que antes realizábamos acompañados como comer, descansar, buscar la ropa del día siguiente y que ahora nos hacen sentir el vacío de la etapa que comenzamos a transitar.

Puede ocurrir también que, a la par del proceso de separación de la pareja, estemos atravesando otras etapas que implican cambios y separaciones: el crecimiento de los hijos, matrimonios o salidas de casa de los mismos, así como enfermedades o muertes de los propios padres. Del mismo modo, es posible que por nuestra edad empecemos a experimentar deterioro o pérdida de la salud. Esto hace que la soledad además sea generada por línea directa hacia arriba (pérdida de los padres), hacía abajo (crecimiento de los hijos) y en línea horizontal (deterioro de la propia salud y de los amigos y familiares de nuestra edad). Es así como, según el momento de vida en el que nos encontremos, podrán entrecruzarse diferentes procesos de duelo que debemos elaborar mientras sobrellevamos la pérdida de la pareja.

El momento de la separación se vive diferente de acuerdo con el papel que desempeñaste en la toma de decisiones. Si te quedaste, seguramente viviste los primeros momentos como una avalancha de recuerdos e imágenes, que se exacerbaban al ver la casa y la cama vacías junto a muchos objetos que te recordaban a la otra persona. El vacío y la soledad de esa primera noche solo constituyen uno de los momentos más difíciles de atravesar. Acostumbrados a los sonidos, olores y la presencia de la otra persona, ahora solo queda un silencio que puede ser enloquecedor.

Quien, por el contrario, deja la casa conyugal, vive también la primera noche como un auténtico desafío. Aun en el caso de haber sido tú quien inició la separación, después de esperar por años el momento de partir, la salida la habrás vivido de forma lastimosa. Al llegar a un nuevo espacio, al nuevo departamento, la soledad seguro se dejó caer sobre ti con todo el peso de la oscuridad y el silencio del lugar. Quizás esos primeros segundos te bastaron para sentir de golpe el vacío en el que te encontrabas.

Existen maneras diferentes de afrontar la soledad en una primera etapa. Hay quienes se retraen o fantasean con hacerlo, incluso algunos se esconden en un departamento vacío y se entregan a un melancólico encierro de modo que los demás no descubran su temor a salir y a poner en juego esta nueva manera de estar en el mundo. Otros juegan al "pobre de mí", esperando que alguien sienta pena por ellos y llegue a salvarlos, como si esta postura resolviera su situación. Algunos no permiten que los demás vean lo dolidos que están, ¡sería vergonzoso! o evitan mostrar señas de debilidad y fracaso... Los más aburren a sus amigos hablando siempre de lo mismo, viviéndose solos aun estando rodeados de gente y añorando la vida en pareja y a la persona que les falta.

Nota algo importante: si al principio de tu separación hablas y hablas de tu soledad y tu desgracia significa que requieres una catarsis importante para acomodar la experiencia, pero en un segundo tiempo habla de que tu sensación de soledad es tan profunda que tal vez te está sobrepasando. No dejes de considerar la posibilidad de pedir ayuda profesional para no caer en la parálisis y la extrema depresión.

No te sientas "anormal", cualquiera de estas reacciones es lógica, propia de la pérdida y de la reestructuración de una nueva forma de vivir y vivirte en el mundo. Lo importante es que los tiempos no se prolonguen en demasía y que incorpores la ruptura vivida no solo para continuar con tu vida sino para aprovechar la experiencia y crecer.

Al buscar maneras para escapar de la soledad puede ser que entres en otra fase. Como las experiencias tienden a asimilarse yendo de un extremo a otro como un péndulo, puedes irte al extremo contrario y saturarte de fiestas y compromisos; quizás optas por convertirte en adicto al trabajo buscando llegar lo más tarde posible a casa para no sentirte solo.

Además de las largas jornadas de trabajo durante la semana, planearás llenarte de actividades durante el fin de semana con el deseo de evadir a toda costa tu encuentro con la soledad. ¡Una fiesta para solteros puede durar toda la noche pues nadie en esas condiciones quiere que llegue el momento de volver solo a casa! Estas huidas antes o después cansan y te llevan a descubrir que te rodeas de personas cuya compañía no disfrutas para evitar la sensación de soledad. Si tratas en forma permanente de escapar de ti mismo, nunca tendrás el tiempo de detenerte, mirar lo que te pasa y cuestionar cómo y hacia dónde quieres dirigirte.

Esta fase de "estruendo" interno y externo varía en duración e intensidad de una persona a otra. Eventualmente todos empezamos a darnos cuenta de que la vida es mucho más que huir del fantasma del vacío y nos adentramos lentamente en la fase de dejarnos sentir y vivir en soledad.

De capotearla a aprovecharla

Los divorciados no tenemos el monopolio de la soledad, hay muchas personas que la padecen. Algunos estuvieron solos desde la niñez y su sensación de vacío se prolongó incluso dentro del matrimonio. Asimismo, se acentuó con el divorcio. La experiencia de soledad temprana se manifiesta y exacerba en la ruptura amorosa, por lo que la separación y el divorcio pueden ser una oportunidad de crecimiento personal y de sanación profunda de esa experiencia infantil de abandono y vacío.

Esto nunca lo lograrás si no enfrentas el fantasma de la soledad. Tan solo dándole la cara podrás constatar justo eso: ¡que solo es un fantasma! Corriste de él, le tuviste miedo, lo evitaste, pero si lo afrontas perderá su poder sobre ti. No eres ni el único ni el primero que se siente solo; de hecho, ya no eres ese niño indefenso que, efectivamente, no podía sobrevivir solo. La experiencia de soledad tiene un aspecto existencial inevitable en todo ser humano; sin duda, el divorcio la acrecienta, pero debes tener la certeza de que, antes o después, y fuera por la razón que fuera, se haría presente, desplegando sus amenazas ante ti.

Aunque te parezca contradictorio, la soledad tiene cualidades sanadoras: a solas favorecemos la introspección, la reflexión y el desarrollo del yo interior. El vacío y la depresión pueden sustituirse paso a paso por una plenitud y fuerza interna que genera más satisfacción que el reconocimiento de las multitudes. Si bien la soledad conlleva dolor, es un dolor que asumido siempre nos lleva a madurar y crecer.

Si bien estar rodeados de personas que nos quieren mitiga la sensación de soledad, no es recomendable que te recargues en exceso en ellas. Hay un peso que debes sostener solo para sobreponerte; la vivencia de vacío solo se acomoda y supera con un brinco al interior de ti mismo. Si vas avanzando hacia la interdependencia, que consiste en acompañarte de otros sin colgarte de ellos, ya no dependerás de su compañía y te sentirás cómodo también estando solo y relacionándote contigo mismo.

Queremos regresar al tema de la niñez para comprender la dinámica que desencadena una separación. Aun como adultos tenemos el deseo primario de que alguien o algo nos cuide, contenga, calme y complete. Estos vestigios de amor total que con suerte se dan por corto tiempo en la primera infancia nos llevan a buscar una pareja que nos colme y satisfaga. A la hora del rompimiento amoroso algo similar ocurre: buscamos con desespero a alguien que nos consuele, nos resuelva y nos contenga. Aun si cuentas con gente que te quiere y acompaña, nadie evitará el trayecto que debes recorrer; en ese sentido, hoy solo cuentas contigo mismo. Bien lo decía Freud: "Tenemos que convertirnos en nuestro propio padre y madre".

Quizás una metáfora que puede ayudarte a desvanecer el fantasma de la soledad es la siguiente: visualiza que tienes una orquesta dentro de la cabeza, tú eres el director de la misma y los músicos son todas las ideas y pensamientos que existen dentro de ti. Una ruptura amorosa desencadena muchos pensamientos acerca de lo difícil que es estar solo, el fracaso que estás viviendo y el cúmulo de desgracias que te faltan por vivir. Todas estas ideas son voces que vienen principalmente de tus experiencias pasadas y de otras personas que hablan dentro de ti: familiares, tu ex, amigos, conocidos...

Estas voces también dan cuenta de la cultura en la que vives y que quiere que no te salgas de "lo normal" y hagas lo que hacen las personas "comunes y corrientes": sobra decir que culturalmente la soledad tiene un estigma social de catástrofe y sufrimiento. Pero bueno, siguiendo con la idea de que eres el director de la orquesta que habita dentro de tu mente y de que como tú llevas la batuta tienes la capacidad de tocar la música que necesitas, en el momento que esas voces se apoderen de ti puedes expulsarlas o acallarlas introduciendo otros pensamientos "que no desentonen" con la melodía que quieres tocar para sortear la crisis.

No se trata de engañarte sino de tomar los elementos positivos que también existen en tu mundo interior. Así como hay "músicos" que no necesitas para tocar esa nueva melodía que quieres componer, puedes escoger otros pensamientos que den voz a ideas que sí te ayuden a atravesar esta etapa. Pensar que toda crisis es superable, que saldrás crecido de esta situación, que en medio del dolor de la ruptura podrás conocerte y crear vínculos más sanos y adecuados, son ideas que te ayudarán a componer tu propia música de recuperación.

Si logras sentirte cómodo estando solo llegarás a la "fase de la unidad". Esto significa que podrás elegir quedarte en casa leyendo un libro en lugar de buscar frenéticamente estar acompañado. Reconocer los recursos personales que posees te permitirá hacer uso de ellos y descubrir tus verdaderos deseos, tus intereses escondidos y tus valores profundos. Contactar con quien eres en verdad te llevará a elegir actividades que te permitan respetar tu persona y transformar el significado de estar solo en algo agradable y positivo.

Hay quienes en esta etapa descubren que disfrutan haciendo cosas que antes no realizaban: escribir, pintar, bailar, estudiar, practicar yoga o hacer ejercicio. Conquistar este espacio personal puede ser la primera oportunidad para pensar en ti y aprender a cuidarte de manera cálida y respetuosa. Hay ocasiones que la ruptura amorosa deja al descubierto que vivíamos en una relación matrimonial con poco significado y que la soledad en compañía era ya más dolorosa que la soledad incorporada y aprovechada por propia elección y aceptación.

Muchas personas nos preguntan si sirve o no pensar en su expareja. Nuestra respuesta sería: sí y no. Pensar obsesivamente en él o ella nos mantendrá sufriendo y atascados, pero si en vez de borrarlo de tu vida logras ubicarlo en el lugar que le corresponde podrás integrar tu pasado con el presente para reconocer lo que sí hubo en la relación y lo que se dieron el uno al otro en el pedazo de vida que compartieron.

Somos quienes somos gracias a nuestras relaciones. Traer al presente las cosas buenas del tiempo compartido en tu pasada relación te servirá para cerrar círculos; siempre pueden conservarse algunas de las ideas valiosas que tenía tu expareja. También vale la pena recordar los errores cometidos para no repetir patrones lastimosos y ver con mayor claridad las actitudes de desprecio, agresión y violencia que pudieron existir en la convivencia matrimonial. Aprender a honrar tu historia, incluso con los aprendizajes dolorosos, facilitará que tú mismo te conviertas en un buen excompañero y que puedas dar vuelta a esa página de tu vida para continuar con la escritura de las páginas que te faltan por vivir.

Una sugerencia: busca a alguien que pueda servirte de mentor o tutor en este proceso. No nos referimos a un terapeuta o amigo, aunque sin duda también abre la posibilidad de acompañamiento en momentos de crisis. Como mentor pensamos en un modelo a seguir, en la imagen de una persona, viva o muerta, con quien puedas sentirte identificado por su forma de vida, sus valores e ideales. Darte a la tarea de conocerlo, estudiarlo, observarlo o escucharlo, si aún vive, puede inspirarte en el trecho que te falta por andar.

¿Un clavo saca otro clavo?

Optar por estar con otra persona para escapar de la soledad es un motivo muy poco sano para iniciar una relación amorosa. Como dijimos, tras una ruptura es necesario vivirse solo antes de volver a vincularse con otra pareja. Un periodo de soledad es parte de lo que necesitas para que puedas, a su tiempo, elegir bien.

Hombres y mujeres nos comportamos diferente en esta etapa. Generalmente para las mujeres es más fácil manejarse en soledad. Son muchas las razones, quizás una de ellas tiene que ver con que a los hombres se les prepara más para la acción que para la reflexión. Si eres hombre y te mantuviste en acción permanente tendrás menos espacios de soledad, por lo que tardarás más tiempo en reflexionar acerca de lo ocurrido y lo que quieres en el futuro. Esto no significa que los hombres no puedan estar solos ni que la acción no pueda ser un buen vehículo para la reflexión. Sin embargo, crecer en la acción y evitar usarla como medio de evasión requiere tomar conciencia del proceso en el que te encuentras.

Muchas personas jamás aprendieron a ser individuos antes de casarse: pasaron de la casa paterna a la relación matrimonial pensando en "nos casamos y viviremos felices para siempre". Lograr un grado suficiente de satisfacción y disfrute viviendo como soltero desafía el requerimiento social de "cada oveja con su pareja"; sin embargo, realizarse en soltería requiere de la aceptación de esta condición y de la elección de la misma como estilo de vida. ¿Qué significa esto? El reto de la soltería es mucho mayor que el de aprender a ser autosuficiente. La soltería asumida y disfrutada implica pasar de un "necesito a alguien porque no puedo solo" a "disfruto moverme a mi aire, comer lo que deseo, no adaptar mis hábitos a otra persona y conocerme en soledad".

Vivir cómodamente en soledad permite ver el mundo y la vida de manera mucho más amplia, con nuevas alternativas y posibilidades. Elegir la soltería es gustar de este estado y estilo de vida. Aceptarse como soltero implica, por lo tanto, evitar salir con alguien por el mero hecho de hacerlo y ahuyentar el fantasma de la soledad.

Dar este paso es importante puesto que aumentará la calidad de las relaciones que entablas: los acercamientos con otras personas serán verdaderos encuentros. Disminuirá tu necesidad de ver al otro como posible pareja, lo que no descarta la posibilidad de que logres, de manera natural y espontánea, encuentros sexuales gratificantes y al tiempo relaciones amistosas y amorosas satisfactorias.

La soltería elegida...

Hay quienes integran la soltería como estilo de vida y alcanzan tal grado de satisfacción que deciden quedarse así. Si es este tu caso no te sientas egoísta y ermitaño, tu decisión será positiva siempre y cuando no sea por temor a vincularte con alguien y sufrir, o por el resentimiento que te provoca un pasado no superado. Si no trabajaste los problemas del matrimonio que terminó, podrías acomodarte aquí como estrategia defensiva más que como decisión consciente, ya sea por temor a la intimidad, por evitar sentimientos lastimosos o incómodos o por oposición irracional al matrimonio o la vida en pareja. Liberarte de estas cargas te ayudará a elegir el estilo de vida que requieres hoy desde la paz y la libertad.

Si al principio te sientes extraño e incómodo en soledad, se paciente; descubrirás que está bien estar solo. Da tiempo y trabaja lo suficiente para que llegue la aceptación. Puedes empezar a aprender a estar solo en el baño, la cafetería y la librería; empieza con pequeños espacios para leer el periódico, pedir un café u hojear un libro. ¡Las librerías son un lugar seguro! No requerirás hablar demasiado ni actuar de manera especial.

El gimnasio es otra oportunidad para ejercitarte en "soltería": podrás hacer ejercicio, ponerte unos audífonos y escuchar música que te agrade. Los trayectos en el coche también posibilitan el contacto contigo mismo y la reflexión; incluso en una antesala podrás cerrar los ojos y meditar a solas, nadie pensará mal de ti porque tienes deseos de paz y tranquilidad. Empieza con algo simple, cosas que antes evadías por evitar la soledad.

Echando a andar tu imaginación irás encontrando muchas más posibilidades para ponerte en juego: comer solo en un restaurante, ir al cine, ¡incluso irte de fiesta donde nadie te conozca! Ve a dar un paseo por el bosque o desplázate a una ciudad o pueblo cercano; camina por las calles y siéntate en las bancas de los parques; incluso, si algún extraño se sienta junto a ti, establece una pequeña conversación. Empezarás a disfrutar estos espacios en tu interior y descubrirás que estar solo tiene su encanto. Si nadie te entiende, incluyendo a tu familia, no te obsesiones ni trates de dar muchas explicaciones.

La soledad es una oportunidad para seguir adelante. Comienzas una nueva etapa de tu vida y requieres reconocerte y reinventarte para continuar. En el pasado la única opción válida para vivir en comunidad era la vida en pareja; la soltería quedaba como opción para los sacerdotes, místicos o locos. Los "solos" eran defectuosos, raros, enfermos, principalmente si eran mujeres. Hoy más que nunca ser soltero es una opción aceptable en nuestra sociedad.

Desafiando prejuicios

El sentido común
es el conjunto de prejuicios
acumulados a través de los siglos.
ALBERT EINSTEIN

La soltería como estilo de vida es algo relativamente nuevo. Fueron necesarios siglos de evolución para integrar esta opción como válida y oportuna para quienes la eligen. Llegar a este punto significó desafiar prejuicios de siglos pasados.

Todos tenemos prejuicios y, de manera particular, atravesar una separación desencadena sus efectos. La soledad nos lleva a descubrir la cantidad de creencias que debemos desafiar. No somos ajenos al mundo en el que vivimos y lo que se piensa y se dice del divorcio permea nuestro modo de ver la vida, de vernos a nosotros mismos y de relacionarnos con los demás. Si no reconocemos los prejuicios conscientes e inconscientes que nos conforman, además de entorpecer nuestra posibilidad de vivir en soltería cómodamente, limitaremos la posibilidad de abrirnos y relacionarnos con otras personas.

Tras una separación se pierde no solo a un compañero amoroso, sino también familia, bienes, amigos, a veces trabajo. Requerimos crear nuevos espacios para nosotros, explorar territorios desconocidos. Si no cuestionamos los prejuicios que tenemos en relación con el mundo que nos rodea, fácilmente los confundiremos con verdades universales que rigen nuestra forma de pensar y actuar.

Reconocer los prejuicios que matizan tu vida y que te llevan a construir una idea de quién eres tú y cómo son los demás te permitirá desafiarlos poniéndolos en perspectiva. La realidad se modifica de forma permanente, por lo tanto no existen verdades absolutas sino una diversidad de miradas y apreciaciones de lo que es el amor, la vida de pareja, la intimidad y la amistad, entre otros.

Pero ¿cómo se construyen los prejuicios en el interior de nuestra mente? Demos un brinco a nuestra historia como mexicanos, historia compartida con otros países de Centro y Latinoamérica. Muchos de los prejuicios sociales que nos rigen tienen su origen en la conquista española. La conquista de nuestro país se dio en el contexto del sometimiento y la violencia, lo que generó una sensación de vergüenza en toda la nación. La vergüenza puede describirse como una sensación de inferioridad, de estar disminuido.

Si sentiste vergüenza reconocerás la sensación de que algo "está mal en ti", que ese "algo" te aísla, que hay "poco que hacer" para cambiarlo, por lo que solo te queda esconderte de manera más o menos sana, sino es que caes en conductas autodestructivas para aminorar la sensación de "defecto personal e indefensión".

La vergüenza no surge de un defecto intrínseco en la persona, pero así es como se vive. La vergüenza surge de la trasgresión de los límites personales, ya sea por violencia física, por invalidar nuestras emociones, por juicios poco humanos por parte de los demás o por un quiebre en el estatus familiar, social o de cualquier otro grupo relevante al que uno pertenezca. Si te preguntaras de qué te sientes avergonzado, probablemente te darías cuenta de que ejerciste violencia personal al negar o acallar sentimientos, deseos y valores por adaptarte a los que otros quieren de ti o bien por someterte a la fuerza e intimidación de personas que ejercieron control sobre tu vida.

Si regresamos a los orígenes históricos de este sentimiento, hemos de recordar que la aniquilación de la mayoría de los indígenas y su civilización durante la Conquista y colonización española dejó a muchos sobrevivientes en un estado de desamparo y desolación. Los españoles también se deshumanizaron al cometer las brutalidades que nada tenían que ver con las guerras. El efecto es vergüenza tanto en las víctimas como en los victimarios. Los mestizos cargaron la vergüenza ancestral tanto de los indígenas como de los españoles y esta pasó de generación en generación en nuestra cultura mexicana sin haber encontrado una sana solución.

En pleno siglo XXI, los indios que quedan en nuestro país se les supone pobres, ignorantes, flojos e incapaces de salir adelante por su cuenta. La sociedad los desprecia y discrimina, frecuentemente con violencia y cometiendo muchos abusos de poder contra ellos. Nadie quiere ser indio y los que lo son lo esconden o lo niegan, incluso ante sí mismos; finalmente, el color moreno de la piel es motivo de discriminación.

Los "güeros" son originalmente los descendientes de los conquistadores. Este término en la actualidad aplica a cualquier persona con poder, con piel clara o de clase socioeconómica privilegiada. Su poder y riqueza surge generalmente del abuso iniciado en la Conquista y prolongado en nuestro México actual. Humillan para mantener su dominio y establecen relaciones de poder con los que no son de su clase.

Los mestizos, mayoría de nuestra población, estamos atrapados entre pretender que somos güeros y negar que tenemos algo de indios. Muchos estamos demasiado ocupados tratando de conseguir todas las características físicas y simbólicas de ser "güero" y no ser vistos como indios. Este sistema vergonzante lastima y deshonra a todos. Por eso debe desecharse.

¡Sorprende ver los prejuicios y la intolerancia que de ellos deriva! Si los revisamos detenidamente, al final son descargas de agresión generada por frustraciones de diversos tipos. El individuo que no cuenta con los controles internos necesarios para hacer frente a la frustración personal y que desconoce los orígenes de la misma la descarga en los otros. ¿Y quiénes son esos otros a quienes dirige su hostilidad? Hacia quienes la sociedad clasifica como "distintos".

Los prejuicios más que debatirse y externarse se actúan. Es poca la gente dispuesta a defender verbalmente un prejuicio cuando se le confronta directamente. Pocas veces usamos la razón para cuestionar la validez de los propios prejuicios, más bien la utilizamos para justificar las conductas que de ellos derivan pensando que son lo demás quienes tienen un defecto inadmisible. Con esto pretendemos demostrar que la causa del desprecio no está en nosotros mismos sino en la naturaleza de los demás.

Desmantelar los prejuicios no es fácil puesto que implica desintegrar convicciones que tienen raíces más profundas, en ello se pone en juego nuestra identidad: quiénes somos, para qué servimos. Los prejuicios nos dan la sensación de pararnos sobre un piso firme en tanto que nos permiten sentirnos superiores o mejores que los demás y proyectar en ellos las fallas que no queremos reconocer en nosotros mismos. Si me uno a un grupo que descalifica a cierto tipo de personas experimento "la fuerza de la pertenencia" y siento que soy "alguien". ¡Sí que se necesita trabajar en uno mismo para desmantelar esta falsa autoestima! La vergüenza no resuelta, consecuencia de los prejuicios actuados, se transmite de generación en generación.

Pero ¿qué tiene que ver todo esto con el tema de estar separados o divorciados? Si reconoces que eres producto de una historia clasista, si descubres los prejuicios que construiste a lo largo de tu vida o que heredaste de generaciones anteriores, si atraviesas el temor que te da cuestionar y desafiar estas falsas bases de identidad, te abres a la posibilidad de reconocer las similitudes y las diferencias que tienes con la gente a tu alrededor; pero no desde el "dedo flamígero", sino desde la flexibilidad. Esto abre la posibilidad de acercarte a mucha gente que ciertamente tendrá algo que ofrecerte y a quien también podrás, desde tu propia vivencia y características, complementar.

Es sorprendente ver en nuestros talleres para solteros y divorciados cómo el cuestionamiento y desafío de los propios prejuicios lleva a los participantes a realizar acciones concretas que les abren espacios de oportunidad y la posibilidad de construir redes de apoyo. Contactar y conectar con diversidad de personas genera un intercambio humano, respetuoso y creativo que estimula la propia vida y la de los demás.

De los prejuicios a la discriminación

Si recordamos la historia acerca de la creación de las diferencias sociales en nuestro país podremos entender que la discriminación, como fenómeno histórico, genera una situación prejuiciosa que favorece el trato desfavorable hacia algunas personas y grupos sociales. En la medida en la que todas las personas podamos ver los prejuicios que tenemos acortaremos las distancias entre los seres humanos y aceptaremos nuestras diferencias.

¿Por qué tendemos a mirar con recelo y rechazo a las personas distintas? Los seres humanos tenemos la necesidad de establecer contacto con otras personas sin importar el color de su piel, su físico, la religión y la cultura. Si bien todos nos diferenciamos por nuestros orígenes, historias, características personales y contextos, al mismo tiempo somos iguales en dignidad. A menudo los medios de comunicación agrandan y refuerzan los prejuicios poniendo foco en las diferencias culturales y presentando las costumbres y los actos culturales ajenos como raros y sorprendentes; esta es otra manera de fomentar la hostilidad.

Quizás tú ya hayas sido sujeto de discriminación en alguna época de tu vida; todos en algún momento lo fuimos. Es importante también revisar si tú discriminaste a otro por el color de la piel, la edad, la complexión física, la belleza, la falta de estudios, la preferencia sexual u otras razones más. A veces es muy evidente el efecto traumático que produce la discriminación, pero en ocasiones es sutil y difícil de notar. De cualquier modo, el efecto de estos manejos y el sufrimiento que generan se dejan ver en la vida de las personas.

Además de los prejuicios de raza, económicos y académicos que venimos enfatizando, es importante que tomes en cuenta que hay prejuicios de género: creencias y supuestos rígidos que se tienen acerca de los hombres y las mujeres. En nuestros talleres de solteros y divorciados recopilamos alguna información al respecto que queremos compartirte. Nos damos cuenta de que estos prejuicios de género crean actitudes humillantes, limitantes y discriminatorias y afectan la construcción de relaciones amorosas y amistosas gratificantes.

Los hombres, en general, piensan que las mujeres son manipuladoras, controladoras, lloronas, guapas, sensibles, buenas madres, necias, auténticas, canijas, maravillosas, complicadas, difíciles, perras, enojonas, abnegadas, lindas, sufridas, miedosas, coquetas.

Las mujeres reportan que los hombres son intolerantes, impacientes, les importa solo el físico, mentirosos, conquistadores, idiotas, ególatras, canijos, ineptos, miedosos, abusivos, insensibles, machistas, adictos al trabajo, violentos, cerrados, infantiles, materialistas, narcisistas, indiferentes.

Pareciera que en algún sentido los hombres llegan a ser más benévolos con las mujeres pues destacan ciertas cualidades. ¿Será que el varón que llega a un taller psicoeducativo ya está abierto al trabajo personal? ¿Estarán las mujeres más resentidas como efecto de un sometimiento machista ancestral? La información que arrojan los encuestados parece mostrar que, además de la discriminación de clase por la que se segrega a otros grupos sociales, las creencias construidas en relación con el sexo opuesto sostenidas en un contexto machista patriarcal dificulta un acercamiento amistoso, curioso, receptivo y creativo entre hombres y mujeres.

Cabe hacer hincapié en un tipo particular de discriminación. Desde hace muchos años, los hombres en general y algunas mujeres también exigieron que las mujeres tengan que cuidar su aspecto físico mucho más que los hombres; de esto deriva una exigencia desigual que discrimina a las mujeres que no cumplen con el estándar de belleza definido por los medios masivos de comunicación. La exigencia de belleza para los hombres es mucho menor, por lo que a la hora de buscar pareja las mujeres tienen la desventaja de las demandas impuestas por los cánones masculinos.

Hombres y mujeres nos gustamos, nos deseamos, pero hoy no sabemos cómo atravesar los prejuicios que nos alejan, cómo acercarnos unos a otros, cómo salir de este atolladero y cambiar. Para flexibilizarnos en el tema de los prejuicios y la discriminación primero toca aceptar que estos existen y que su razón de ser es crear la sensación de pertenencia, de fuerza y de tener ventaja o poder sobre otros para sentirnos con más "seguridad". Esta manera de sentirnos seguros se desmorona a las primeras de cambio. Seguro tú lo notaste.

Tú puedes desafiar los prejuicios. Si tu lugar en el mundo te coloca en una posición de mayor poder personal, de estatus de raza, de educación, de cultura, de género y de clase, mayor es tú responsabilidad, pues dichos privilegios y recursos facilitan inducir el cambio.

Nada de esto se puede lograr si no ponemos suficiente atención al lenguaje que utilizamos a diario. Lo que decimos y hacemos refleja quiénes somos. El lenguaje nos construye y construye realidades: al actuar, hablar y escuchar nos construimos y decidimos quiénes somos y en qué lugar colocamos a los demás.

¡Todo esto tiene tanto que ver con las relaciones humanas! Los vínculos humanos descansan en la capacidad de hacerse cargo del otro antes de que este lo pida. Esto se logra escuchando sus inquietudes y haciéndolas propias. Si el otro necesita pedir algo, es que de alguna forma la escucha llegó tarde; y que quede claro que esta afirmación no dice que tenemos que ser adivinos sino simplemente buenos escuchas. El acto de escuchar está basado en el respeto mutuo, en aceptar que los otros son diferentes. Los prejuicios, sin duda, nos impiden escuchar.

El biólogo chileno Humberto Maturana dice "que si no aceptamos al otro como un legítimo otro, escuchar estará siempre limitado. Cada vez que rechazamos a otro restringimos nuestra capacidad de escuchar; producimos la fantasía de escuchar mientras nos estamos, básicamente, escuchando a nosotros mismos. Cada vez que nos sentimos superiores (por cualquier razón) o sostenemos que tenemos un acceso privilegiado a la verdad o a la justicia dejamos de escuchar".

¿Será que la soledad y la soltería se viven mejor y se asumen libremente si nos liberamos de prejuicios que nos aprisionan y de actitudes que nos aíslan? Te invitamos a hacer una reflexión acerca de tu propia capacidad de estar solo y de flexibilizar tus creencias limitantes.

IDEAS PARA VALORAR MI AVANCE

1. Tomo tiempo para estar solo (a).
2. Trabajo menos horas y me doy tiempo para actividades importantes.
3. Esconderme y retraerme en mi departamento no es ya mi costumbre.
4. Estoy satisfecho realizando actividades a solas.
5. Estoy con personas cuya compañía disfruto.
6. Evito buscar otra relación amorosa solo para no estar solo (a).
7. Evito que los sentimientos de soledad controlen mi pensamiento.
8. Me siento a gusto como soltero.
9. Me presento en fiestas como soltero y logro sentirme cómodo.
10. Estoy convirtiéndome en una persona completa no en una "media naranja" buscando su otra mitad.
11. Invierto tiempo en mi crecimiento personal más que en buscar otra relación amorosa.
12. Disfruto el tiempo de calidad que paso con mi familia y amigos.

13. Hallo paz interior y me gusto como persona.
14. Reconozco que tengo prejuicios y lucho por que no me dominen.
15. Sé que las instituciones y los medios de comunicación generaron en mí muchos de los prejuicios que tengo.
16. Me doy cuenta cuando alguien está siendo discriminado y evito que esto suceda.
17. Evito quedarme con la primera impresión de las personas.
18. Escucho más y hablo menos intentando conocer a los demás antes de emitir comentarios.
19. Disfruto la diversidad, respeto las diferencias y trato a los otros como iguales.

CAPÍTULO 3

De víctimas y villanos

Cuando el amor se rompe.

Pasado el rompimiento amoroso y echando una mirada hacia atrás probablemente te preguntes: ¿Y si me hubiera dado cuenta de que algo estaba pasando?, ¿debí hacer o dejar de hacer algo para evitar esto?, ¿hubiera podido evitar la separación? Preguntarte acerca del pasado solo merece la pena si el entendimiento de lo ocurrido te da información para mejorar el futuro.

Hombres y mujeres, casados, solteros y separados, cuestionamos y debatimos el tema del rompimiento, de la separación, de la insatisfacción amorosa, pero difícilmente llegamos a conclusiones precisas. El amor es un tema complejo, contradictorio y ambivalente. No se trata de una salida fácil ni evasiva: es un planteamiento que abarca la experiencia amorosa. Requieres, antes de cualquier análisis, considerar que un tema tan candente no ofrece respuestas concretas, salidas precisas ni soluciones fáciles.

Y es que no existen respuestas únicas, totales, universales, son muchas más las preguntas que aparecen ante una separación amorosa que las conclusiones certeras. Seguramente tú también, inmerso en estos cuestionamientos, te preguntarás si el amor en pareja es posible, si se pueden evitar errores pasados y lograr que una nueva relación funcione. Las versiones que te das de lo que sucedió, si bien pueden ser simples, te ayudaron a avanzar en esta etapa de tu vida y mirar hacia delante.

No podemos hacer afirmaciones contundentes acerca del fenómeno del amor y el desamor; sin embargo, en un próximo capítulo, intentaremos abordarlo para comprenderlo mejor. En este capítulo, por lo pronto, destacaremos algunos aspectos que nos permitirán reconocer con mayor exactitud las señales del proceso que se dio en tu matrimonio, previo al rompimiento, así como los efectos emocionales que experimentaste según tu papel en la separación.

Entender el tipo de vínculo que creaste y el estilo relacional que de él se deriva es igualmente un recurso para conocerte más y acomodar el rompimiento. Darte cuenta de esto también facilitará el desarrollo de herramientas que te permitan a futuro generar mejores relaciones amorosas.

Te invitamos en primera instancia a preguntarte si ante la inminencia de tu separación te diste respuestas autocomplacientes de lo que pasó. Entendemos que, de alguna manera, dichas respuestas te sirvieron para atravesar el rompimiento y continuar la vida; sin embargo, valdría la pena, pasado el tiempo, revisarlas con paz interior y cierto detenimiento.

Lo más sencillo es considerar que el otro es culpable del "fracaso" o, al menos, más culpable que tú. ¿Cómo? Son muchas las respuestas que puedes darte, pero todas apuntarán a que su forma de ser y actuar hizo imposible la negociación, la comunicación y, por lo tanto, la convivencia. Quizás consideras que tus propias reacciones fueron solo efecto de lo que el otro hizo o dejó de hacer. Si no cuestionas en serio la forma en la que te relacionas emocionalmente con los demás y adquieres cierto entendimiento de tu ruptura, probablemente repetirás los mismos errores en futuras relaciones, no solo amorosas, sino de amistad, con tus hijos y familiares, incluso con compañeros de trabajo.

Te sugeriremos algunos puntos para reflexionar; detente en cada uno de ellos para sacar provecho de la experiencia vivida. La primera cuestión es que, de forma inevitable, más allá de las diferencias concretas de carácter, intereses, valores con tu ex, el paso del tiempo desgasta una relación. Los "años compartidos" son un factor que puede actuar en contra de las relaciones amorosas: el amor se deteriora, la pasión se apaga, se va perdiendo la intimidad y, finalmente, el compromiso.

Además del factor tiempo existen muchos otros que acentúan los malestares y el distanciamiento en la pareja:

- Diferencias de carácter.
- Historias de la propia familia de origen que pesan en el acoplamiento de la vida cotidiana.
- Problemas inevitables de la convivencia que no se resuelven o manejan de forma adecuada, por lo que incrementan los roces y frustraciones.
- Cambios inevitables del ciclo de vida, como llegada de los hijos, adolescencia de estos, incorporación de novios y amigos a la familia, nido vacío, menopausia y jubilación, que requieren flexibilidad y acuerdos.
- Asuntos externos que irrumpen en la vida de la pareja son difíciles de incorporar y, por lo tanto, generan estrés.

Todos estos factores pesan en el estrés cotidiano, algunos se gestan poco a poco sin dar clara señal de su impacto en la relación y detonan en fuertes crisis de manera "súbita". La corrosión y desgaste de la relación invita a cuestionar la calidad de la misma; algunas parejas no rompen cuando la relación es insatisfactoria, pero arrastran por mucho tiempo el cadáver de lo que fue su amor.

¿Cómo comienza la pendiente que lleva a la separación? La socióloga Diane Vaughan nos describe de la siguiente manera los pasos que recorre la pareja para "desemparejarse": Uno de los miembros empieza a sentirse molesto y no lo dice por temor, prefiere minimizarlo y no hacer "olas". Generalmente se dice a sí mismo que lo que ocurre no es tan importante, que pasará, pero, por el contrario, al paso del tiempo el malestar crece.

Unilateralmente y sin demostrarlo empieza a cuestionar el compromiso hacia la relación, piensa que no vale la pena vivir así, toma conciencia de su insatisfacción y esto lo lleva a crear un mundo privado para cuestionar lo que le pasa sin compartir su preocupación con el otro.

Con este paso, la comunicación e intimidad de la pareja —que ya sufrían dolencias— se ven francamente interrumpidas. Sin la comunicación adecuada, el otro cónyuge no sabe de la insatisfacción de su pareja, el "iniciador" muestra su malestar de manera sutil e indirecta y, al mismo tiempo, desarrolla planes para tomar decisiones sin definir externamente el problema ni plantear conjuntamente si tiene alguna solución.

Los sutiles intentos del iniciador por mostrar el malestar no tienen la fuerza suficiente para que el otro se dé cuenta del tamaño del descontento. Debido a la frustración por la escasa respuesta del compañero, el miembro que se siente insatisfecho busca alternativas fuera de la relación para compensarla, estas pueden ir desde conseguir un trabajo o hacer nuevos amigos hasta embarcarse en una aventura amorosa, creando así una vida social francamente independiente. Si bien esta estrategia atenúa la frustración en el interior de la relación, hace más grande la distancia con la pareja.

El cónyuge espectador puede atribuir estos cambios a un sin fin de razones: el estrés por los hijos, la crisis de la edad, la enfermedad de algún familiar y problemas económicos, entre otros, pero sin tener elementos claros y suficientes de parte del iniciador, aunado a una estrategia defensiva de negación y evasión, no puede reconocer que es la relación misma la causa del problema. El distanciamiento hace que el iniciador evalúe toda la historia de su relación amorosa de forma negativa y se asuma como víctima de ese hecho. Siendo ya tan notorio el desasosiego, abre con su compañero la posibilidad de terminar la relación. El planteamiento que hace enfatiza que hay poco o nada por hacer.

Esta primera apertura del desencuentro toma por sorpresa al cónyuge espectador, que no considera que la situación sea ni tan crítica ni tan irremediable. El iniciador argumenta que en diversas ocasiones intentó hacerle notar el malestar e incluso propuso alternativas de solución sin ser tomado en cuenta. A estas alturas del camino se hacen evidentes las historias diferentes que cada uno se vino contando respecto de la vivencia amorosa. El espectador, ante las evidentes diferencias, sugiere que pidan ayuda, dado que "algo no marcha bien"; mientras el iniciador, habiéndose atrevido a abrir la situación y con varios meses de vivir y planear en silencio la retirada, busca ya un franco plan de salida.

Aquí empiezan las confrontaciones directas: mientras el espectador intenta cambiar de actitud y mejorar la situación, el iniciador está en un punto de no retorno haciendo movimientos para separarse. El equilibrio de poder en la relación se rompió y la ruptura o continuidad del compromiso depende prácticamente del iniciador. Si bien el sufrimiento de ambos es equivalente, el iniciador lleva más tiempo procesándolo y, por lo tanto, se muestra menos vulnerable y más claro en lo que quiere.

El cónyuge espectador empieza a distinguir las causas que llevaron a esta crisis. En ocasiones esto basta para aceptar que el vínculo está roto y dejar atrás la relación, en otros casos la pareja se reactiva y llega a buscar una auténtica reconciliación para la que requiere situarse en una recontratación que les permita crear algo sustancialmente diferente.

Es imposible volver atrás, los viejos patrones y estilos de vida son insuficientes. A veces con trabajo y acompañamiento se logra este cambio esencial, pero no es fácil llevarlo a cabo dado el deterioro de la comunicación, la creación de mundos y proyectos diferentes a lo largo del proceso de distanciamiento y como "cereza del pastel", en muchas ocasiones, la existencia de una relación alterna que facilitó la puerta de salida. Con frecuencia, por lo tanto, la relación se ve como terminada y la separación es la única posibilidad existente.

Terminadores y terminados...

En algunos casos la pareja, de común acuerdo, elige el divorcio, pero vemos que es mucho más común que alguno de los miembros haga la propuesta de romper, mientras que, al otro, dicho planteamiento lo toma por sorpresa: crear una pareja requiere el deseo y consenso de dos personas, para terminarla basta la decisión de uno de ellos. Esta realidad, generalmente, en las separaciones amorosas hay "terminadores" y "terminados".

Los terminadores son quienes contactan primero con su malestar, intentan modificar algo y, si no lo logran, preparan su plan de salida. Son ellos los que finalmente dejan la relación, por lo que con frecuencia sienten una culpa considerable por el rompimiento: "¡no puedo hacerle esto!", "¿qué hago para atenuar el impacto de mi decisión?". Los terminados por su parte no consideran que las dificultades de la convivencia ameriten una ruptura; quieren conservar la vida de pareja, por lo que proponen a destiempo algunas alternativas para "mejorar" la relación. A estas alturas del camino, su pareja se niega a continuar e insiste en dar por terminada la vida en común. Los terminados, entonces, experimentan desde este lugar fuertes sentimientos de rechazo.

Si bien en algunos aspectos puedes vivirte como terminador y en otros como terminado, seguramente te identificarás más con alguna de dichas posiciones. El proceso de ajuste para los miembros de la pareja es distinto según el lugar que ocupe: los terminadores inician su ajuste aun estando en la relación amorosa, sin bien esto implica una reflexión interior importante, un grado alto de responsabilidad y una buena dosis de sufrimiento, aparentemente el proceso les es "más fácil". Nosotros estamos de acuerdo en que esta postura es más reflexiva, planeada e integrada y, por lo tanto, menos caótica.

A los terminados, por su parte, les cae la noticia por sorpresa y en primera instancia la niegan, la resisten, la tratan de cambiar; entran en un período caótico de crisis, por lo que su proceso de ajuste parece tomar más tiempo. Esta desorganización en la identidad y en el funcionamiento cotidiano es en sí misma parte de su adaptación a la ruptura y camino inevitable de su recuperación. A veces los terminados tuvieron algún tipo de advertencia, a veces ninguna; en ambos casos los terminados carecían de una clara conciencia del declive de la relación, por eso tienen mayor dificultad para aceptar el final de la misma.

Para aquellos que toman la decisión mutua de terminar la relación, el proceso de ajuste es, en cierta manera y por obvias razones, un poco más fácil, lo que no significa que puedan saltarse la experiencia de la pérdida en particular y el recorrido del proceso de duelo en general. Sin embargo, la experiencia de tomar una decisión de manera consensuada y de prepararse para llevarla a cabo aligera el trayecto que falta por recorrer.

Quizás tras leer estos párrafos te parece obvio el papel que jugaste en el rompimiento. Sin embargo, no sobra precisar con ayuda del lenguaje la vivencia interna de cada posición. Como terminador probablemente te dices algo así como "necesito tiempo y espacio y tengo que estar fuera de esta relación para generarlo y atender mis necesidades", "me importas, pero no te amo lo suficiente para vivir contigo", "no me preguntes por qué no te amo, simplemente sé que tengo que salirme y me siento mal por lastimarte".

Si te identificas con esta experiencia, en el mejor de los casos, no sentirás necesidad de culpar al otro del rompimiento y podrás asumir la responsabilidad de atender tus propias necesidades sin exigirle su satisfacción. Sin embargo, esto no es fácil de hacer. Debes estar atento ante la necesidad de fortalecerte criticando y culpando a tu ex para hacer valer tus necesidades insatisfechas.

El vocabulario empleado por los terminados sería, por el contrario, "por favor, no me dejes", "¿por qué no me amas?", "dime qué está mal conmigo y cambiaré", "pensé que teníamos una buena relación amorosa y no veo por qué quieres salirte". Estas afirmaciones nos muestran el desconcierto e incluso falta de comprensión de la decisión tomada por el terminador. Si este es tu caso, seguramente tu toma de conciencia comenzó al momento de la noticia. Por lo tanto, tu recuperación y aceptación tomó otro ritmo. El enojo y la tristeza se dejaron ver con mayor crudeza.

Es clara la diferencia que manejan terminadores y terminados en relación con el marco temporal: ambos pueden sentirse embargados por un sentimiento de dolor, pero sus diversas posiciones les dificultarán entenderse y llegar a acuerdos después de la separación, aun para las negociaciones más básicas. A estas distinciones cabe agregar que la sociedad tiende a asignar estereotipos que se suman a la experiencia interna de los involucrados: el terminador es visto, incluso por los hijos, como el "villano" y el terminado como la víctima. Estas atribuciones poco ayudan a avanzar en el proceso, impiden ver el sufrimiento de ambas partes, la zozobra experimentada por cada uno de ellos y los retos que de manera distinta ambos tienen que afrontar. Pensar así de simple genera juicios de valor, desarrolla prejuicios en relación con uno u otro e impide integrar la vivencia completa del rompimiento, así como la historia pasada de la relación.

Sea cual sea tu lugar, y más allá de las particularidades de tu caso, la tarea de atravesar antes o después el proceso de duelo es inevitable. Merece la pena hacer algunas distinciones en el camino que atravesarás siendo terminador o terminado, ya que la manera de vivir sentimientos, sortear desafíos y acometer tareas emocionales es diferente.

Entre la culpa y el rechazo

Si eres quien propuso la terminación de la relación es probable que hayas estado uno o dos años, cuando menos, intentando armarte de valor para plantear la propuesta, dado que sabías que dicha decisión generaría dolor en tu pareja y movimientos en tu entorno, principalmente en tus hijos, si los tienes. Seguramente dar el paso y sostenerlo te hizo sentir, en mayor o menor grado, culpable. La culpa genera remordimientos y una sensación de ser malo y cruel. Te proponemos revisar este complejo estado emocional.

La culpa, de manera general, se produce cuando lo que haces no va de acuerdo con lo que piensas; casi siempre es porque tus acciones no están a la altura de alguna norma aprendida. Nuestro comportamiento se rige por un código interno, que la mayoría de las veces se formó años atrás con la influencia de nuestros padres y educadores primarios. Este código está constituido por normas que operan en nosotros; algunas de manera consciente, otras de forma inconsciente. Una vez incorporado este código moral individual se establece en nuestro funcionamiento un sistema que garantiza su cumplimiento: cuando alguna norma ha sido transgredida activa una señal para regular la conducta. Esta señal es el sentimiento de culpa.

Este sentimiento es funcional si te ayuda a resolver un problema, a cuidar de ti mismo y de los demás, así como a reparar los daños de acciones equivocadas. Sin embargo, hay una culpa disfuncional que solo añade sufrimiento a tu vida y se convierte en un problema más.

En este sentido podemos afirmar que, si la norma trasgredida es actual y viable de cumplir, si la elegiste libremente y está basada en principios éticos, es probablemente sano y oportuno que experimentes cierta culpa. Si este es tu caso será mejor que te decidas a respetar la norma trasgredida y a actuar de forma diferente, reparando incluso los efectos que generaste por su incumplimiento. Pero si la norma te fue impuesta por otra persona, por la sociedad, por la iglesia, no la elegiste por cuenta propia ni tiene sentido en tus circunstancias particulares, tus sentimientos de culpa serán poco productivos: vivirás una agónica tortura sin remedio.

La decisión de separarte puede desafiar muchas normas y convenciones sociales, incluso sentencias como "el verdadero amor es eterno", "si amaras a tu pareja nunca le harías eso", "los hijos de divorciados sufren mucho y no se recuperan del todo", "no tienes derecho a cuestionar algo que lastima a los demás". Sin embargo, si tu relación era demasiado pobre, lastimosa, caduca, vale la pena sostener la decisión más allá de estas premisas sociales generalizadas. Sé compasivo contigo, ya que, si bien es bastante difícil estar a la altura de tus propias normas, es imposible quedar bien con todos haciendo propia la normativa personal. Necesitas mucho discernimiento y flexibilidad para distinguir si las normas que obedeces responden al contexto actual en el que te encuentras y si son suficientemente claras y precisas para evitar generalizaciones imposibles de cumplir.

Las normas basadas en un código ético sobrehumano generan sufrimiento innecesario. La comprensión de las reglas que nos rigen internamente nos permite conservar su esencia —el cuidado de los otros, evitar el sufrimiento ajeno innecesario, el respeto a las diferencias— y flexibilizar su forma, que en ocasiones es irracional y tiránica. Este ejercicio te entrenará en la elección de un código ético propio, lógico, oportuno y constructivo. Cuando terminas una relación es adecuado sentirte algo culpable por herir hasta cierto punto los sentimientos de otra persona o lastimarte a ti mismo. Como adulto puedes sentirte mal y adolorido porque no funcionó tu relación, pero una culpa irracional extrema es señal de que algo no anda bien.

Si tú fuiste el terminador necesitas aceptar la proporción adecuada de tu responsabilidad, reconocerla, reparar lo reparable y hacer notar lo irreparable. Esto en sí mismo generará transformación en ti y en tu excónyuge y te permitirá iniciar un camino de crecimiento para ser una persona congruente, responsable y compasiva. Esta postura no solo te aliviará en el presente sino también te facilitará crear en el futuro vínculos interpersonales significativos, anhelo que todo ser humano merece cumplir.

Cuando la culpa es desproporcionada y difícil de superar es probable que hayas aprendido a sentirla mucho tiempo antes de la separación, normalmente desde la niñez. Si estás extremadamente ansioso, temeroso y aterrado, si tu culpa parece no estar relacionada con algo particular y la vives como irracional y agotadora, es posible que necesites ayuda profesional para manejarla. Una culpa excesiva no te ayuda a tomar decisiones acerca de la manera en la que decidas vivir, puedes sabotear tu futuro buscando maneras de castigarte como estrategia de alivio.

Es curioso observar que la conducta llena de culpa en ocasiones alberga un sentimiento de enojo. Quizás por mucho tiempo te sentiste herido por tu expareja y las circunstancias o tu propia inseguridad te impidieron reconocerlo y decírselo. Un enojo reprimido pudo llevarte a albergar sentimientos de revancha y desquite poco asimilados. Ahora que tomaste la delantera en la decisión de una separación puedes "confirmar" que eres "malo" por haber realizado esas "fantasías de venganza", que en su momento no supiste externar mediante el enojo que sentías ante situaciones que lo ameritaban.

Para resolver este tipo de culpa te será de utilidad considerar las razones que te impidieron expresar tu enojo en su momento: ¿de qué tenías miedo?, ¿no te diste cuenta de que te herían?, ¿temías el rechazo de tu expareja?, ¿cómo acomodabas el enojo en tu interior? Comprender tu dificultad para expresar el enojo te facilitará reconocerlo y experimentarlo sin necesidad de acallarlo y transformarlo en culpa.

La mayoría de las personas no expresamos el enojo por la necesidad de agradar a los demás y para no ser rechazados o abandonados por ellos. Sin duda requerimos la aceptación y el cariño de los otros para vivir, pero que el móvil de nuestro actuar sea solo ese en detrimento de nuestras necesidades y deseos tendrá justo el efecto contrario.

Ya Voltaire afirmaba hace muchos años: "Decidí hacer lo que me gusta porque es bueno para la salud". Es mejor dedicarnos a vivir lo mejor que podamos y esperar, sin mayor certeza, que nuestra felicidad les cause alegría a los demás. Estos son los términos sobre los que cabe actuar para romper las cadenas emocionales que nos aprisionan mediante la culpa, para no enfermar, para salir adelante.

La intensidad y el manejo de la culpa también varía si fuiste un "buen o mal terminador". Es "buen terminador" quien antes de dejar la relación luchó por la misma haciendo lo que estuvo a su alcance por conservarla viva. Es "buen terminador" quien finalmente, pese a la crítica externa, se dio cuenta de que la relación era destructiva o pobre para ambos, y eligió terminarla para no lastimarse destruyéndose o ignorándose. Los "buenos terminadores" son responsables, abiertos, honestos, no "víctimas inocentes" puesto que reconocen su parte en el rompimiento de la relación. No tienen la intención de vengarse ni de dañar a su expareja, sino que buscan una manera más constructiva y menos dolorosa de vivir.

Por su parte los "terminadores malos" se parecen mucho a los niños que se fugan de la casa: creen que "el pasto es más verde del otro lado de la cerca" y que lo único que les falta para ser felices es salirse de la relación y encontrar a alguien mejor. El "terminador malo" evita abordar los sentimientos que experimenta pues no quiere mirar hacia dentro para ver las actitudes que necesita cambiar. Los "terminadores malos" muchas veces se van rápidamente sin siquiera tener una conversación para "decir adiós" o explicar las razones que tuvieron para querer separarse.

Cualquiera que sea tu experiencia de la culpa, ser un "buen terminador" agiliza el camino. Valora el hecho de haber tomado la iniciativa de la separación después de contactar con tu insatisfacción; esta decisión es una manera de tomar las riendas de tu vida y de generar los cambios necesarios para vivir mejor. Aprovecha también que la reflexión y preparación previa al rompimiento te facilitará trabajar tu culpa al tiempo que agilizará la escalada de la montaña de la recuperación haciéndola menos caótica.

Demos paso ahora al otro miembro de la pareja: el terminado. Si tú ocupas la cara de la otra moneda en la decisión de la separación seguramente tu dolor emocional fue aparentemente más grande en el momento de la misma que el dolor del terminador. Especialmente se te habrá dificultado o aún te cuesta trabajo dejar ir la relación y manejar el enojo ante tu sensación de abandono e impotencia.

Esto se debe a que probablemente seguías enamorado de tu pareja cuando ella propuso la separación o que al menos considerabas que la relación era suficientemente buena como para terminarla. Ser el terminado te hará sentirte no solo muy lastimado sino también inseguro de ti mismo, como si la historia de la separación se estuviera tejiendo en la mente de tu ex mientras tú pensabas que todo estaba bajo control.

La sensación de no entender en qué momento y de qué forma se gestó el rompimiento, así como el planteamiento abrupto del mismo, genera una desorganización en tu identidad. Te preguntarás quién eres, si vales, por qué sí o por qué no, qué dejaste de ver y qué dejaste de hacer. La incertidumbre se apodera de ti y te resta sensación de capacidad y valía.

Solo quienes son capaces de aceptar las heridas lo son también de dar y recibir felicidad; ambos procesos exigen apertura y ser abierto significa ser vulnerable. Sentirte rechazado te pone en un estado extremo de vulnerabilidad. Para aceptar esta condición tienes que creer en tu fuerza interior, esta implica desarrollar la convicción de que serás capaz de encarar lo que estás viviendo. También es necesario saber que cualesquiera que sean tus defectos, no son únicos ni muy diferentes de los de otros. La experiencia de abandono magnifica tus sentimientos de inseguridad. ¡Suelta el esfuerzo por ocultarla! y recuerda que experimentarla no es vergonzoso, es simplemente humano.

Estar con personas que te acepten y te apoyen puede ayudarte a superar las heridas del rechazo y reconocer tus partes valiosas. No todo está mal: ¡eres una persona que vale la pena!, ¡capaz de amar y ser amado! Tienes algo especial que ofrecer a los demás, pero para reacomodarte y volver a recuperar tu seguridad tendrás que explorar relaciones que te permitan apropiarte de tus recursos y capacidades.

La experiencia de rechazo puede volverte muy introspectivo y vivir constantemente examinándote para ver qué falla provocó el rechazo de tu pareja. Encontrarás algunas explicaciones, pero no agotarás tu necesidad de entender. Recuerda que más allá de las diferencias de carácter con tu expareja y de los problemas no resueltos en tu relación no es tan sencillo sostener relaciones satisfactorias a través del tiempo. Las parejas a veces se disuelven y esto cada vez ocurre con más frecuencia. No te sientas desalentado, se requiere tiempo para admitir que hay una responsabilidad mutua; también se necesita tiempo para aceptar que una separación no es un fracaso sino una oportunidad de crecer y mejorar la vida.

Dejarte abatir por el rechazo y considerarte lo peor de la especie humana es una postura tan defensiva como considerar que no eres vulnerable. A veces asumir esta actitud de víctima es una manera de controlar a tu ex y a otras personas haciéndolos sentir culpables: ¿quién acaba siendo el "malo"?, ¿el terminador que causa dolor o el terminado que tortura con su dolor?

Un punto medio y saludable para avanzar en tu proceso sería preguntarte, en relación con tu dolor, qué perdiste realmente y si sabías que eso era tan importante para ti. Si no tenías conocimiento de ello, ¿por qué no lo habías notado? No tener conciencia de nuestros compromisos emocionales significa ser exageradamente vulnerables e incapaces de adaptarnos a los cambios de la vida y la necesidad de protegernos rígidamente cuando estos ocurren. No todas las pérdidas, quizás el rompimiento amoroso sea una de ellas, permiten que nos protejamos contra ellas y que reconozcamos lo que considerábamos realmente importante.

Sentir un dolor que corresponda al tamaño de la pérdida y no enterrarlo hasta que se convierta en un enojo aprisionado en tu interior es tarea necesaria para no deprimirte. La tristeza enterrada se convierte en enojo, y el odio no expresado puede desarrollar un estado de depresión. La depresión es diferente de la sana tristeza. La tristeza es el sentimiento de vacío que sigue a la pérdida; la depresión, en cambio, es el efecto de la interrupción en el necesario fluir de los sentimientos de pérdida. Si te deprimes, tu energía se volverá contra ti mismo y perderás el sentido y el propósito de la vida. Dirigir la energía hacia fuera es el primer paso para romper el ciclo de la depresión, ciclo que por cierto tiende a perpetuarse.

Un "buen terminado" se hace cargo de su dolor, lo trabaja y lo atraviesa. Toma conciencia y responsabilidad por la parte que le corresponde en el deterioro de la relación y acepta su situación buscando puertas constructivas de salida. Los "malos terminados" son aquellos que culpan al otro de todo lo que les ocurre, lo chantajean y lo controlan con su dolor. En muchas ocasiones los "malos terminados" pertenecen al grupo de personas que, aunque deseaban también salirse de la relación, no tuvieron el valor ni la fuerza para tomar el papel de terminador: prefirieron hacerle la vida difícil al otro para no verse obligados a tomar la decisión.

Sinteticemos pues la diferencia de prioridades cuando se plantea la ruptura. El terminador tiende a querer trabajar en su crecimiento personal al margen de la pareja, el terminado quiere trabajar en la relación para reconstruirla. Eventualmente el enojo sustituye los sentimientos de culpa en el terminador y los sentimientos de rechazo en el terminado. Los terminadores sienten menos culpa cuando el terminado expresa su enojo porque este les ayuda a abordar la culpa. Los terminados, a su vez, sienten menos depresión mediante la rápida expresión del enojo, porque algunas depresiones son enojo reprimido. No siempre es posible encontrar un atajo para atravesar este proceso: el terminador necesita experimentar por un tiempo el sentimiento de culpa y el terminado requiere sentirse rechazado y deprimido por un rato.

La elaboración de los sentimientos implica tiempo. Con frecuencia, el entendimiento intelectual del proceso que atravesaste es el primer paso hacia la conciencia que conduce al entendimiento emocional. Cualquiera que sea tu posición en la separación, vivirla y aceptarla te permitirá escalar la montaña de la reconstrucción con más rapidez.

Recuperando la confianza

Sea cual sea el lugar que hayas ocupado al terminar una relación amorosa, el rompimiento produjo en ti "heridas de amor". Las heridas de amor generan un profundo dolor interno; una parte de este dolor sin duda tiene que ver con la ruptura vivida: la calidad de la relación terminada, el tiempo invertido en ella, los vínculos generados y espacios compartidos. Sin embargo, volvemos a insistir en que la intensidad y la duración del duelo también se relacionan con la herida originada en etapas más tempranas de la vida.

Una pérdida amorosa conecta con otras pérdidas tempranas, por eso la recuperación puede ser una oportunidad para atravesar duelos no resueltos, para cuestionar temores añejos, para revalorar quién eres hoy y qué recursos tienes para salir adelante. Ante un rompimiento amoroso es normal que te percibas como un pequeño ser indefenso, víctima de maltrato o de abuso, con poco que hacer por ti mismo. Esta vivencia, al tiempo que hace mucho más penoso el proceso de recuperación, puede ser un parteaguas en la vida, una invitación a ver quién eres hoy y no a vivirte como el niño que en su momento carecía de la talla y la fuerza para enfrentar un abandono.

Otra área de oportunidad tras la separación es repensar la tan común conclusión de que "el amor significa sufrimiento". ¡Bienvenido a la realidad! Sí, el amor implica una dosis de sufrimiento inevitable: si no estás dispuesto a pagar un cierto costo amoroso no "juegues al amor", no te enamores, no hagas pareja... Ya lo decía el mismo Freud: "amar es sufrir, pero amar no es enfermar".

Evitar el sufrimiento como premisa básica de vida implica no amar. Si quieres vivir en pareja tendrás que tolerar ciertas dosis de zozobra, de ambivalencia, de incertidumbre y desasosiego. Si estas experiencias no son tolerables cuestiona si la pérdida en tu divorcio se está montando en una pérdida anterior o si tenías una concepción errónea de lo que es la vida amorosa.

Vale la pena considerar muchos aspectos antes de entablar una relación amorosa, incluso es necesario ser precavido y asertivo, pero de ahí a querer evitar el sufrimiento y no correr ningún riesgo es imposible. Si en ningún escenario podemos evitar atravesar contingencias y aceptar desafíos, mucho menos en el territorio del amor.

Esto no significa que dejes de ser inteligente; hay que asumir riesgos medidos, oportunos y adecuados. Arriesgar a lo "Romeo y Julieta" sería lo mismo que lanzarse de una avioneta sin paracaídas; pasar de relaciones tóxicas a relaciones peores sería la "crónica de una muerte anunciada". Una experiencia de este tipo te llevaría a concluir que el amor no existe y a poner distancia entre tú y los demás por temor a volver a sufrir.

Pregúntate: ¿el sufrimiento atravesado tras mi rompimiento me invita a crecer?, ¿es un sufrimiento necesario para madurar y aprender? O, por el contrario, ¿el dolor vivido en la relación me dejó vacío, humillado, resentido? Recuerda, "amar es sufrir...", pero no sucumbir, claudicar, desertar...

Pasar de la necesidad de aislarnos y relacionarnos de forma compulsiva es irnos al otro extremo. Después del divorcio las relaciones son importantes para las personas; sin embargo, la idea de que encontrar rápidamente pareja es la manera de probarle al mundo y a ti mismo que estás bien y que no eres un "fracasado" puede llevarte a empezar una nueva relación de manera inoportuna. Además, el temor a un "nuevo fracaso" puede generar en ti la tentación de empecinarte precipitadamente por lograr el tan anhelado "para siempre" que no conseguiste en el primer intento.

Las primeras relaciones después del divorcio deben tener otro cometido: ser encuentros que ayuden a volver a confiar, que faciliten sanar la herida anterior. No pretendas lograr relaciones extremadamente duraderas y comprometidas en el primer intento. Aceptar esta etapa de transición inevitable ayuda a cambiar las expectativas de los primeros acercamientos, permite bajar presiones y evita los anhelos a futuro que te llevan a ver en cada candidato un posible esposo.

Reconocer esto no significa que estés usando al otro como objeto de consumo. Asumir esta etapa es ser realista respecto del paso que tienes que dar. Sin duda requieres ser honesto contigo y con el otro, pero tu claridad permitirá que las nuevas relaciones fluyan en el presente y faciliten que la herida de amor cicatrice.... Disfruta cada día, acepta que muchas de estas relaciones serán cortas dado que transcurren durante una etapa de tu vida extremadamente necesitada.

Los primeros acercamientos eróticos y amorosos pueden ser francos encuentros humanos y, por lo tanto, tan significativos y relevantes como lo es un gran amor. No tienen por qué ser relaciones de uso y abuso, estas dejan un profundo vacío interior; lo importante es que puedas vivirlas como lo que son y así honrarlas y disfrutarlas. Estas experiencias te ayudarán a aclarar la confusión experimentada en tu rompimiento, a conocerte más y a volverte a poner "en circulación".

Recuerda que el proceso de separación tiene cinco grandes etapas:

1. Salir del caos y retomar el equilibrio atravesando el duelo.
2. Aprender a estar solo cómodamente.
3. Construir redes y hacer buenas amistades.
4. Iniciar relaciones breves para reaprender a amar y recuperar la confianza.
5. Generar un proyecto de vida personal, ya sea dentro de una relación estable de larga duración o en la soltería.

La culminación de este proceso es la elección de tu camino personal; en segunda instancia verás si eliges recorrerlo solo o acompañado.

Para recuperar la confianza y relacionarte de manera constructiva también te servirá echar una mirada al modo en el que tiendes a relacionarte. ¿Cómo acostumbras a vincularte con tus parejas? Detectar el patrón que despliegas en tus relaciones amorosas te ayudará a comprender los efectos que este genera en ti. Revisemos algunos patrones relacionales.

- *Relación de dependencia.* Consiste en "recargarse" el uno en el otro debido a una necesidad permanente de ayuda, consejo y acompañamiento para moverse y tomar decisiones. A veces es agradable por la sensación de apoyo que brinda, pero también limita y cansa. Cuando alguno de los miembros trata de moverse, cambiar o crecer, incomoda al otro, que está apoyado en él, por lo que se evita la evolución en tanto que desestabiliza la relación.
- *Relación sofocante.* Se explica con frases como "tú y yo somos uno mismo", "quiero vivir contigo para siempre". Es una relación de fusión: "hemos de pensar, sentir y actuar de igual forma". Da una sensación temporal de totalidad y complemento absoluto, pero al final asfixia, dado que en primera instancia somos individuos y luego pareja. Se requieren espacios para crecer y distancia para mirarse el uno al otro, reconocer las diferencias y cultivar el amor. La relación sofocante es propia en la etapa del enamoramiento o en la "luna de miel" de la relación, pero sostenerla en el tiempo tiene costos severos para la autonomía de las personas y la calidad del amor.
- *Relación de pedestal.* Uno de los miembros de la pareja desarrolla una extrema admiración por el otro al punto de subirlo en un "pedestal". No ama al otro por lo que es sino por la imagen idealizada que construyó de él, por ello desea que la mantenga para seguirlo amando. Habla más de una necesidad de que el "otro" me dé seguridad, admiración

y estatus que de una relación igualitaria con los "pies en la tierra". Una relación entablada más con una imagen que con la persona misma tarde o temprano es insostenible y, por lo tanto, corre el riesgo de resquebrajarse.

- *Relación de amo y sirviente.* Un miembro tiene una personalidad dominante y requiere someter al otro, controlarlo y poseerlo. Esto, en el mejor de los casos, genera una lucha de poder que en sí misma dificulta la comunicación y la intimidad en la relación. En el caso opuesto, donde el "sirviente" permite el sometimiento, la relación deja por completo de ser humana y humanitaria: el cónyuge se convierte en un objeto de uso y consumo para satisfacer las necesidades del "amo". Es una relación violenta.
- *Relación amarrada.* Es común en las parejas muy convencionales. Los miembros acuerdan –explícita o implícitamente– no separarse, aunque el intercambio amoroso en todos los niveles sea pobre o nulo. No hay comunicación ni expresión de amor, pero el compromiso se sostiene por razones de conveniencia, por miedo a la soledad o por el hecho de privilegiar la vida "familiar". Es común poner el pretexto de "no dañar a los hijos" para sostener este tipo de relaciones que, con el paso del tiempo, generan mucho resentimiento, estancamiento y desazón.
- *Relación de mártir.* Un miembro se sacrifica completamente por el otro y trata de servirlo. El otro, ¿cómo puede enojarse con quien hace todo por él? El mártir también es otra faceta del manipulador y controlador.
- *Relación equilibrada.* Es el modelo al que todos aspiramos. Una pareja equilibrada se constituye de dos personas completas, contentas con ellas mismas, que se apoyan mutuamente sin recargarse en el otro de más. Si bien cada uno es

> capaz de vivir su propia vida de forma autónoma, quieren compartir su abundancia con otra persona. Eligen estar juntos porque lo desean, se pueden distanciar y tener sus propios espacios (trabajos, proyectos, amigos, gustos) sin que eso trastoque un proyecto de vida común. Si bien se acompañan en sus necesidades, no se cuelgan el uno del otro. La relación abre puertas para los dos; el amor los construye como personas.

Algunos de estos estilos pueden parecer exagerados. Sobra decir que son más comunes de lo que uno se imagina. ¿Te identificas con alguno de ellos? Si actúas cada una de las posturas que describen adoptando por tres minutos las posiciones indicadas sentirás corporalmente lo que implica cada tipo de relación. Haz el ejercicio y pregúntate: ¿qué posición me recuerda mi relación pasada? ¿Las posiciones me hacen entender algo de lo que ocurrió antes de mi separación? ¿Descubro algún patrón del que no tenía conciencia?

Sin duda el tema de la valía personal y de la propia historia nos impulsan a elegir un determinado tipo de pareja: el inseguro quiere poseer, el insuficiente quiere colgarse, el controlador quiere dominar... Dependiendo de tus carencias buscarás a la persona que, sientes, puede completarte. De ahí la necesidad de trabajar en ti mismo para crear relaciones abundantes y maduras.

El tipo de relación establecida con nuestros padres, la manera de lidiar con el enojo, el rechazo, el amor y la intimidad desde tiempo atrás son factores que influyen también en tus elecciones amorosas. Si logras distinguir algo que no habías tomado en cuenta de tu relación recién terminada, ya habrás agregado a tus "herramientas de viaje" un elemento de autoconocimiento que te facilitará la comprensión de lo ocurrido, así como la posibilidad futura de elegir mejor.

Cuando se repite un "fracaso" amoroso podrás pensar que nada aprendiste, pero si la sensación de que estás retrocediendo te atemoriza, confía en que es imposible volver al punto de partida. Recorriste un gran trecho: hoy te encuentras en otro lugar.

No dejes de considerar la posibilidad de depositar tu confianza primero en tus amigos y después en tus amantes. Una amistad es un buen primer paso para recuperar la confianza, estando tan vulnerable es menos arriesgado crear amistades que embarcarte en un nuevo amor. Iniciar una relación amorosa requiere estar más seguro de ti mismo, más trabajado, menos defensivo, menos vulnerable… Un desencanto prematuro activará tu desconfianza y tu profecía de "soy un fracasado" se realizará. Después de un rompimiento es tiempo de empezar a confiar.

IDEAS PARA VALORAR MI AVANCE

1. Reconozco que la vida amorosa es compleja, contradictoria y ambivalente.
2. Descubro varios factores que influyeron en el desgaste de mi relación amorosa y en la decisión de la separación.
3. Puedo ver con más claridad el proceso de desencuentro y desacoplamiento que viví con mi pareja.
4. Comprendo lo que ocurrió en mi separación y esto me proporciona cierta aceptación y paz.
5. Examino mis patrones de vida para ver si la sensación de culpa o rechazo controlan en gran parte mi conducta.

6. Trabajo la culpa y el rechazo para superar su influencia en mi calidad de vida. Me siento abrumado por sentimientos de culpa o rechazo.
7. Puedo distinguir si fui el terminador, el terminado o si tomamos una decisión conjunta.
8. Estoy consciente de las diferencias entre los sentimientos y comportamientos de terminados y terminadores.
9. Me doy cuenta de que tanto terminados como terminadores sienten dolor emocional a pesar de que puede haber diferencias en intensidad y marco temporal.
10. Entiendo que en algunos aspectos fui terminador y en otras terminado, pues ello ocurre en la mayoría de las relaciones.
11. Puedo confiar en mis sentimientos como para dejarme mover por ellos.
12. Entiendo que no todas las personas son confiables. Solo confío en ellas si lo considero apropiado.
13. Soy consciente de lo que hago para distanciar a las personas.
14. Construyo relaciones que me ayudan a sanar mi "herida de amor".
15. Estoy interesado en los amigos de ambos sexos que me rodean, más que desesperado por encontrar otra relación amorosa.
16. Puedo acercarme sin temor a un posible compañero amoroso.
17. Comprendo que muchas de mis nuevas relaciones serán de corto plazo.

CAPÍTULO 4

Construyendo amistades

Es tan lindo
saber que usted existe,
uno se siente vivo
y cuando digo esto,
quiero decir contar
aunque sea hasta dos,
aunque sea hasta cinco,
no ya para que acuda
presurosa en mi auxilio,
sino para saber,
a ciencia cierta,
que usted sabe que puede
contar conmigo.

MARIO BENEDETTI

¿A dónde se fueron todos?

Tras una separación pocas personas continúan con el mismo grupo de amigos que cuando estaban casados. Parece que tras un rompimiento amoroso es necesario hacer nuevas amistades y el hecho de encontrar amigos puede vivirse como un problema difícil de resolver.

¿Cuando estabas casado llegaste a ver a tus amigos divorciados con envidia y con deseo de "formar parte" de todas esas interesantes actividades en las que participaban? Bien, ahora que "eres libre": ¿qué piensas de esa vida "glamorosa" de solteros? ¿Te preguntaste si en lo cotidiano puede llegar a convertirse en una rutina solitaria y riesgosa?

En efecto, volverte a poner "en circulación" y reanudar tus círculos sociales es una experiencia compleja, no solo por el duelo que aún se arrastra de la separación misma, sino porque descubrimos que perdimos algunos de los amigos que teníamos cuando estábamos casados. La pérdida de amistades pasadas ocurre por cuatro razones:

a) Al terminar una relación de pareja te conviertes inmediatamente en un posible compañero amoroso, y un posible compañero amoroso no solo para solteros, sino también para casados. Pareciera que, si antes eras de "confiar", ahora te convertiste en "amenaza". Seguramente habrás escuchado comentarios más o menos sarcásticos y prejuiciosos con relación a que hay que "cuidar" al esposo o esposa de la nueva divorciada o divorciado; quizás tú mismo te hayas expresado así alguna vez, esto te demuestra cuán generalizada está esta idea y cuán limitante puede resultar.

b) El divorcio polariza a la gente. Generalmente, los viejos amigos apoyan a alguno de los exesposos, pero raramente a los dos. Por lo tanto, perdemos a los amigos que tomaron partido por nuestro ex.

c) El rompimiento produce miedo entre nuestros conocidos: "si te pasó a ti, me puede pasar a mí". Tu divorcio puede ser amenazante para muchas parejas a tu alrededor, por eso algunas intentarán mantener distancia. Si bien esta reacción no te incumbe, seguramente será incómoda. Sin duda esto tiene que ver con la inseguridad que experimentan ante su propia relación amorosa. Tal actitud equivale a decir "el divorcio puede ser contagioso, mejor me alejo". Entender este proceder te hará sentir mejor.

d) Las personas casadas se consideran parte de la "élite relacional" de nuestro entorno social. La sociedad en general favorece, acepta y avala las relaciones de pareja y, en algunos contextos muy conservadores y religiosos, los matrimonios institucionalizados. Por lo tanto, la "subcultura de la soltería" es menos aceptada.

Al principio de esta etapa no te será fácil encontrar espacios y grupos de solteros. Moverse de una vida de pareja, que es "lo políticamente correcto", al mundo de la soltería implica un ajuste complicado. La vida de soltero tiene un código diferente de valores, intereses y motivaciones: en general, estos espacios son más libres, más flexibles, incluyentes y congregan a la gente soltera para formar una gran fraternidad.

Decir "soy divorciado" abre conversaciones valiosas que vinculan con otras personas. Si te apegas a los prejuicios sociales en relación con el divorcio y a la soltería cerrarás posibilidades de encuentro y crecimiento. Con todo y estas oportunidades en puerta, el inicio de este proceso lo vivirás con una sensación de que "alguien cambió las normas del juego y tú no las conoces".

Ante esta realidad algunas personas insisten en permanecer solas: tienden a retraerse, retirarse y a sentirse incómodas estando con los demás. Por el contrario, algunos constantemente se "cuelgan" de los otros. Ninguno de estos comportamientos ayuda a atravesar el proceso de recuperación.

Empezando a reconstruir

Reconstruir amistades incluye, por lo general, tres etapas: En la primera estás tan herido, solo y deprimido que evitas a los amigos; a menos que sean lo suficientemente seguros como para no sentirte en riesgo con ellos. Después empiezas a tomarte el riesgo de generar encuentros con algunas personas, aun cuando temes el rechazo. Finalmente te sientes a gusto con la gente y descubres que estás bien, disfrutas de los demás sin temor al rechazo o con mucho mejor manejo del mismo.

La gente recién divorciada se pregunta cómo hacer amigos, dónde encontrarlos, con quién salir. Esto se convierte en un problema cuando se desesperan por encontrar una nueva pareja y en lugar de disfrutar de la gente que les rodea se obsesionan por una nueva relación. El foco social, al inicio, debe ser conocer gente y confiar en que al paso del tiempo alguna persona puede convertirse en un buen amigo o incluso, en una pareja.

Te recomendamos ampliamente no involucrarte en una relación amorosa comprometida de largo plazo, pues requieres trabajar emocionalmente la terminación de la relación anterior. Es fácil llevar la basura de las relaciones pasadas a la siguiente. Primero se necesita aprender a ser soltero, a enfrentar la vida en soledad y luego volverte a relacionar amorosamente.

En esta etapa una relación formal limita el crecimiento personal. Primero es necesario recuperarse uno mismo y aprender que es posible desarrollar una relación amistosa con alguien del sexo contrario sin que sea romántica, erótica o sexual. Esta realidad rompe el mito de que no puedes ser amigo de alguien del sexo contrario; es una experiencia que permite disfrutar las bondades de la verdadera amistad.

Un, dos, tres… para encontrar amigos

Para encontrar amigos es fundamental tomar en cuenta la primera impresión que recibimos de la otra persona. Las primeras semanas de las relaciones interpersonales son determinantes para una amistad a largo plazo entre dos personas. Si algo va mal al principio de la amistad esta tiene menos posibilidades de prosperar en el futuro. Las decisiones e influencias de una relación interpersonal se determinan en los primeros minutos de conocimiento entre ambas personas. Esto aplica también a las relaciones amorosas.

Por esto es importante cuidar la primera impresión. En ella se establece el esfuerzo que la persona está dispuesta a realizar para avanzar en su acercamiento al otro, ya sea como amigo o como pareja. Es como si tuvieras una escala de compatibilidad y evaluaras un posible apoyo en caso de que alguno de los dos lo necesite; las posibilidades de protegerte o de realizarte como persona protegiendo a la otra persona.

Se comprobó que la gente parece ayudar a sus amigos, incluso cuando es improbable que estos puedan devolverles el favor. Establecer alianzas o vínculos para protegerse frente a otras personas o determinadas circunstancias es un factor determinante para el disfrute y el bienestar. Las amistades están relacionadas con las alianzas. La amistad va tomando fuerza según el valor otorgado a la alianza que se hizo. En pocas palabras, en una amistad uno da sin esperar recibir de la misma manera en la que dimos, aunque sí esperamos y de alguna manera sabemos que en caso de necesitarlo nuestro amigo estará con nosotros.

Esto es muy claro cuando un amigo acompaña a otro en una enfermedad terminal y ambos se ven beneficiados, pero el enfermo no tendrá la oportunidad de "pagar" el favor de la misma forma, aunque lo más probable es que le comparta al otro experiencias de vida invaluables durante la enfermedad.

Consolidar una amistad requiere cultivarla cuidadosamente: intercambiar afecto, simpatía, confianza y discreción, tener un interés genuino por el otro que se prolongue en el tiempo. Es por esto que las sólidas amistades no se logran de la noche a la mañana. Además del disfrute del intercambio mismo o hacer algo por un amigo, no es el valor de lo que se hace lo que cuenta o el trabajo que cuesta hacerlo, sino el sentimiento de bienestar que produce apoyar y acompañar.

Basado en lo anterior, aquí tienes nueve sugerencias para hacer más simple el inicio y el fortalecimiento de una relación amistosa:

1. Mantente abierto. La amistad depende de compartir y responder mutuamente. Si te manejas en forma abierta y respetas tus sentimientos y los del otro, lo más probable es que recibas una buena respuesta.
2. Interésate sinceramente por los demás: qué hacen, qué desean, cómo viven, qué disfrutan.
3. Trata a las personas con quienes te encuentras como futuros amigos.

4. Detecta las cualidades positivas de los otros. Si puedes ver lo positivo en quienes te rodean, reconocerás también los recursos propios y te relacionarás desde ahí.
5. Haz actividades que te interesen. Lo más probable es que en esos espacios encuentres gente con quien puedas compartir inquietudes, gustos, intereses. Inscríbete a cursos, talleres y clubes deportivos. Viaja, ve a museos, eventos sociales, deportivos y culturales.
6. Mantente atento ante las opiniones ajenas, sobre todo cuando son diferentes de las tuyas. No esperes siempre opiniones parecidas a lo que piensas, aprende a escuchar al otro con curiosidad.
7. Recuerda que siempre es mejor pedir lo que necesitas y no esperar que el otro lo adivine. Es un modo de mantener vital y fluida una relación: algunas veces uno pide y el otro da, y otras es al revés. Si no pides lo que necesitas, acumularás frustraciones y resentimientos.
8. Permítete entablar amistad con personas del sexo opuesto. Las amistades no eróticas con el otro sexo enriquecen y brindar nuevos puntos de vista. A mediano plazo te puede servir para conocer a las personas del otro sexo, lo que te dará una ventaja a la hora de buscar pareja.
9. Recuerda que tu pareja puede ser tu mejor amigo, pero también puede no serlo. Construye amigos y, aunque tengas una relación amorosa, no pongas "todos los huevos emocionales en la misma canasta".

Echando a perder… ¿se aprende?

¿Qué es la coquetería?
[…] es un comportamiento
que pretende poner en conocimiento de otra persona
que un acercamiento sexual es posible,
de tal modo que esta posibilidad
no aparezca nunca como una seguridad.
MILÁN KUNDERA

Si estás genuinamente interesado en la persona con quien estás, envías mensajes sutiles, "vibraciones" que hacen que quiera acercarse. Por el contrario, si te muestras excesivamente necesitado y desesperado, la gente preferirá poner distancia. Dichas vibraciones o mensajes incluyen un sinfín de conductas: movimientos corporales, tono de voz, contacto visual, forma de vestir y otras maneras sutiles que muestran cómo te sientes.

Un primer contacto puede facilitar la construcción de proyectos comunes que faciliten la creación de amistades: formar grupos de lectura, organizar visitas a museos, planear tardes de cine, tomar clases de baile o cocina. Está comprobado que tener amigos alarga la vida, además es un buen amortiguador del estrés y tiene efectos terapéuticos en las personas. Las relaciones de amistad son la "medicina" más barata a nuestro alcance.

Podemos definir la amistad como una relación afectiva entre dos o más personas que se da en distintas etapas de la vida y en diferentes grados de importancia y trascendencia. Las buenas amistades generalmente duran *toda la vida.*

Las habilidades sociales que facilitan acercarnos a la gente y crear relaciones, si bien son recursos innatos en algunas personas, también son estrategias que pueden desarrollarse. El objetivo de trabajar en ellas no es solo hacer un primer contacto con los demás, sino desarrollar la capacidad de establecer vínculos con otra persona de manera que su mundo de ideas, sentimientos y pensamientos pase por mi persona. Así circulará a través de mí y, además, del mismo modo, mi mundo de ideas, sentimientos y pensamientos atravesará al otro para bailar, metafóricamente hablando, una especie de danza que nos una.

A Norma, una de nuestras consultantes, le ocurrió como a muchas personas en su matrimonio, que bajo una idea "romántica" de la pareja fue cortando sus amistades para buscar que la "entrega y dedicación total del uno al otro" les diera la felicidad. El resultado es que al término de su relación se quedó muy sola y con falta de "entrenamiento" para relacionarse con distintas personas, es decir, "empobrecida" socialmente.

Es importante recordar, entonces, que la gran estrategia de las relaciones humanas no es la vigilancia, la presunción, la posesión, la compra o la persecución del otro. El secreto para hacer amistades es la seducción. Usamos esta palabra no como la capacidad de llevarse a alguien a la cama, sino como el deseo y la intención de resultar atractivo al otro de manera que elija establecer conmigo algún tipo de relación, de forma que me elija entre muchas otras personas.

Seducir es lograr que el otro se fije en uno; que el otro se vincule con uno, que uno se introduzca en su vida y así pertenezca tanto a su memoria como a sus futuros deseos. Seducir no es excitar. La seducción sirve para generar deseo, para vincular, para estar presente y pertenecer a la vida del otro. Al final, sin seducción no pueden construirse relaciones, generarse amistades y entrar en el territorio del amor. Existen muchos ejemplos de mujeres y hombres que seducen a las multitudes de diferentes maneras. En hombres como Javier Sicilia, Mario Vargas Llosa y mujeres como Denise Dresser y Elena Poniatowska.

Para seducir necesitas invertir tiempo, actitud, creatividad y en ocasiones dinero, pero vale la pena porque es la manera más confiable de despertar auténtico interés. Más que coartar, perseguir, comprar y controlar al otro, al seducir te ofreces a ti mismo como objeto de vinculación personal en un intercambio en el que se pone en juego toda tu personalidad.

No existen dos seductores iguales, por eso podemos hablar de "estilos" diferentes en función de la personalidad del sujeto seductor. Por esto seducir es un arte muy variado.

El seductor cautiva pero comparte, es tierno y atento con el otro. Seducir y ser seducido exige olvidarnos de nosotros. Como ves, para llevar a cabo esta tarea es necesario apartarse de lo habitual, salir de lo convencional y de lo previsible.

Seguro el contenido de las estrategias variará dependiendo del tipo de vínculo que quiero crear con la otra persona: colega, cliente, amigo, amante, etcétera, pero en el caso específico de las relaciones amistosas, te hacemos algunas sugerencias que facilitarán el acercamiento y aceptación:

1. Evita considerar que la persona con quien convives debe responder a todas tus expectativas. Esto puede generar distanciamiento. Para evitarlo, muéstrale que, en ese momento, es un ser único y trátalo como tal.

2. Permite que exista el intercambio necesario para que nazca una amistad pues, en el intento de impresionar al otro, es muy posible que te dé por hablar mucho. Evita dar clases, sermonear o dar cátedra.
3. Coloca límites para generar atracción. En el acercamiento no te "derritas" por el otro, podrías estar enviando un mensaje desesperado. Por el contrario, busca marcar cierta distancia "crítica". Recuerda que los límites invitan a explorar, a ir más allá. Si eres totalmente permisivo, amable o tolerante, dejarás de ser deseable.
4. Genera cierto nivel de intimidad. Para ser creíble y despertar interés muestra algo de ti mismo. Intercambiar debilidades hace el encuentro estimulante, significativo.
5. Muéstrate responsable y activo frente a tu vida. La actitud de víctima no ayuda a tener amigos. Las víctimas producen lástima e incluso enojo, pero no seducen.
6. Comunica temas importantes y relevantes. Lo aburrido no genera amistades. Piensa que si haces conversaciones interesantes posibilitas que el primer encuentro no sea también el último.
7. Disfruta el momento, crea y transmite placer, gozo, diversión. Una relación divertida hace a uno estar pendiente, concentrado en ella.
8. Genera cierta incertidumbre, algo de inestabilidad para hacer de la relación un juego estimulante. Toda cercanía supone riesgo, una incertidumbre para ambas personas. Nada hay menos atractivo que un triunfo seguro, un vínculo obtenido de antemano sin ninguna duda.
9. Busca sentirte cómodo con tu apariencia, con los colores que usas, el tipo de ropa que te agrada. La apariencia física es fundamental, pero no te obsesiones. No tienes que ser

una persona guapa o fea según los criterios convencionales, si te vives de forma gozosa y creativa y cuidas tu aspecto lo conseguirás.

10. Invita al otro a vivir una cierta rebeldía. Seducir requiere un matiz transgresor. Requiere cierta proximidad física. Como te decíamos, roza, toca levemente y de forma no sexual. Tener esto en mente podría ampliar tu forma de relacionarte con los demás. Es posible pensar en relaciones amistosas entre hombres y mujeres sin que vaya a terminar en una relación de pareja o sexual.
11. La seducción relacional implica disfrutarse a uno mismo y ofrecerse al otro para ser disfrutado. En definitiva, la seducción es una forma de acercarnos a una vida más plena.

Redes para "caer en blandito"

Si pienso que no soy sino que somos,
¿puedo escoger quienes son parte del somos
o también soy los que no quisiera ser?
ANÓNIMO

A veces nos concentramos tanto en buscar una pareja, que descuidamos las redes amistosas. Cultivar una buena amistad que dure años es una buena forma de superar la tristeza de las separaciones y, en general, las adversidades que nos presenta la vida.

Cuando éramos jóvenes y buscábamos nuevos amigos o incluso pareja, teníamos que pasar por una especie de ritual, en el que primero los amigos tenían que aprobar al nuevo integrante del grupo o al futuro compañero. Si el candidato pasaba esta primera evaluación, lo presentábamos en casa, donde la familia era la que le daba el visto bueno. Todo este proceso estaba permeado por los prejuicios de amigos y familiares, por lo que en el fondo acabamos relacionándonos, incluso casándonos con alguien que era aprobado y hasta cierto punto escogido por ellos.

Los estereotipos son ideas o imágenes mentales que los individuos construimos acerca de los otros y pueden estar relacionados con diferentes aspectos, como sexo, religión, preferencias políticas, raza, moda, ocupaciones, etcétera. Son a su vez una versión muy sencilla de la compleja realidad. Los aprendiste socialmente porque son trasmitidos de generación en generación y seguramente son lo que te llevan a hacer afirmaciones generales de los demás: a veces positivas, otras negativas y en algunas incluso neutras. Un estereotipo no es totalmente falso, pero siempre es incompleto y limitado. Los estereotipos generan prejuicios, ya que te hacen emitir juicios sin tener la suficiente información que los sustente, además, bloquean tu capacidad crítica y te llevan a tener actitudes prejuiciosas que originan discriminación e intolerancia.

Al buscar redes de amigos el tema de la discriminación puede ser un factor determinante en la manera de relacionarse con los otros. Es importante cuestionar los prejuicios presentes con la finalidad de tener una red más amplia y diversa de amigos, la cual enriquecerá nuestra vida. La mayoría de las personas pertenece a varios grupos y por lo general la atención se centra en las diferencias con los otros. Como ya mencionamos en un capítulo anterior, en los grupos de solteros suele centrarse la atención y el trabajo en los prejuicios; particularmente en los referentes al físico, la clase social y el color de la piel. Cuando trabajamos algunas dinámicas grupales descubrimos que es mucho más lo que nos une que lo que nos separa de los demás.

Alberto pasó mucho de su tiempo libre con grupos de amigos varones y siempre que se relacionaba con una mujer las clasificaba en dos formas: prospecto de pareja o nada, como si no tuviera nada que ver con quienes no fueran potenciales citas. Una noche que se quedó a resolver un largo "bomberazo" en la oficina, se dio cuenta de que su compañera de trabajo, soltera, a la que nunca había considerado como prospecto, era realmente divertida y afín con su sentido del humor. Casi naturalmente intensificaron sus comidas solos y cuando menos se dio cuenta se estaban incluyendo mutuamente en otras actividades sociales, solo para platicar y pasarla muy bien. Su estereotipo de amistad estaba restringido por un prejuicio y, cuando este se acabó, pudo tener una experiencia enriquecedora.

Después de una separación tienes, quizás por primera vez en la vida, la posibilidad de cuestionar los estereotipos que te rigen, de desafiar algunos prejuicios y de ese modo elegir a las personas de quienes quieres rodearte. Si trabajas estas percepciones ampliarás las posibilidades de crear círculos sociales significativos y de conocer personas diversas, lo que redituará en una mejor elección de tus amigos.

Construir una red social que funcione como sistema de apoyo por medio de un grupo de amigos seguramente acortará el tiempo de la crisis, además de que aligerará tus cargas. Probablemente deseas dar el paso, pero ¿qué te limita? Si no te sientes listo piensa que esta actitud puede ser adecuada para ti durante cierto tiempo, porque, si eres honesto contigo, al inicio del rompimiento es difícil ser una buena compañía para los demás: la necesidad de calor emocional y la actitud demandante es insaciable. Esto sofoca a los amigos, los toma por asalto negándoles el espacio de ser ellos mismos y de acompañarte de manera acertada.

Después de la separación la mayoría de las personas querría un cambio que las libere del dolor y el sufrimiento de vivir y convivir en una cultura patriarcal y sin pareja. Todo cambio ocurre como un proceso en el que se define lo que se conserva y, por lo tanto, lo que puede cambiarse. El cambio genera resistencia cuando centramos la atención solo en lo que cambiaremos, pero también inspiración cuando la energía se concentra en lo que deseamos conservar. Para este proceso es fundamental tener claridad en ambos aspectos.

Disfrutamos amar, querer y vivir y convivir, en lo individual, en pareja, en familia y en sociedad. Esto se logra mediante la creación de relaciones humanas significativas, la colaboración que de estas surge, lo cual requiere la formación de redes de apoyo.

La mayor parte de los dolores y sufrimientos son culturales. Pregúntate dónde te duele la vida y verás que, en general, el cuerpo duele menos que el alma. La vida duele en los espacios donde nos sentimos invisibles, no mirados, no queridos o aceptados por los demás y donde no se nos reconoce como personas. La sensación de ser invisibles puede ser devastadora, pues nos hace vivir en mayor o menor grado el desamor.

En el fondo lo que mueve a los humanos es la antigua necesidad de ser reconocidos, aceptados y acogidos; este requerimiento humano existe desde el origen de nuestra especie. Ser valorados, que se tomen en cuenta nuestras intervenciones y aportaciones al grupo, ser requeridos en algunos espacios sociales son elementos clave para nuestro bienestar. Quien no se reconoce a sí mismo no es reconocido, por lo que sufre y hace sufrir.

Sobra insistir en que es indispensable recuperar a los amigos y familiares para actualizar la relación y convivir de manera fresca y cálida. Es igualmente importante ampliar en calidad y cantidad nuestro círculo de amistades, encontrar nuevos amigos y formar redes para salir de la soledad. Si recordamos nuestra adolescencia, las redes de amigos eran de vital importancia para pertenecer a un grupo social, desarrollar nuestras destrezas de convivencia, acompañarnos y después conseguir pareja.

Las personas que tienen activada una buena red de amigos gozan de muchos beneficios, entre otros:

1. Corren menos riesgo de morir prematuramente.
2. Poseen un sistema inmunológico más fuerte.
3. Gozan de mejor salud mental.
4. Viven más y con mejor calidad de vida.
5. Atraviesan mejor los problemas.
6. Sufren menos depresión.

El mundo en el que vivimos nos ofrece cientos de alternativas para generar bienestar y salud: productos de consumo, medicamentos, viajes, etcétera. Los verdaderos contactos humanos tienen un valor terapéutico inigualable. Date la oportunidad de constatarlo por ti mismo.

Existen historias de personas que consolidaron relaciones amistosas de más de 30 años, las cuales les sirven de redes para las caídas y de impulso para superar las adversidades, incluso, como ya vimos, hay amigos que se acompañaron en procesos de enfermedades terminales hasta el final de las mismas. Tener redes de este tipo garantiza que tendremos compañía aun cuando la pareja no se encuentre con nosotros.

Entre amigos...

Describimos cómo los grupos sociales son lazos personales y directos que vinculan a los individuos con aquellos con quienes comparten ciertos valores y creencias comunes. Una red social está compuesta de personas conectadas por uno o varios tipos de relaciones, tales como amistad, parentesco, intereses comunes, intercambios económicos, relaciones sexuales, algunas creencias, conocimientos o incluso estatus. Por lo tanto, estos círculos operan en muchos niveles; en conjunto podrían representarse como mapa de todos los lazos relevantes para las personas.

Características indispensables en toda red de apoyo:

1. Participar en la toma de decisiones.
2. Generar un ambiente de aceptación y respeto entre quienes la conforman.
3. Mantener objetivos claros y comunes.
4. Favorecer la satisfacción de necesidades biológicas, de seguridad, de autoestima y espirituales. Los intereses del grupo son atractivos para los integrantes.
5. Generar sentimientos de igualdad.
6. Buscar la colaboración y no la competencia. Nadie tiene la razón absoluta, es necesario validar los diferentes puntos de vista.

7. Distribuir el liderazgo, no hay protagonistas.
8. Promover la flexibilidad y evitar la rigidez.

Es posible mirar claramente estas características en clubes sociales, deportivos, sindicatos, asociaciones civiles, comunidades, etcétera. Pero también encontrarlas en nuestro círculo social. Pertenecer a redes sociales te beneficia de diversas formas:

1. Aprenderás a relacionarte más y mejor.
2. Observarás cómo influye el otro en la definición de tu identidad.
3. Facilitará tu conexión e interrelación con los demás.
4. Te proporcionará un ambiente de libertad.
5. Experimentarás un ambiente de aceptación y respeto.

No descartes la posibilidad de activar tus redes por medio del chat y la mensajería instantánea, a los que se sumaron las redes cibernéticas sociales que aportan a las relaciones mayor grado de confianza y afinidad. Internet demuestra cada día sus enormes posibilidades como medio para comunicar a las personas.

El correo electrónico en su momento ya fue toda una revolución, puesto que hizo mucho más constante la comunicación y además, es económico. Los ciberespacios en general (redes sociales, foros, chats, blogs y mensajería instantánea) facilitaron acercarse a gente nueva que comparta tus gustos y aficiones, asimismo, proporciona una distancia segura antes de promover un encuentro físico. No sobra decir que relaciones cibernéticas, que nunca se consolidan en una amistad personal, pueden ser de suma relevancia en tanto que producen compañía, generan reflexiones profundas, intercambian ideas, producen diversión y disipan, en síntesis, la sensación de vacío y soledad interna.

La teoría de los Seis grados de separación dice que dos personas cualesquiera del mundo están relacionadas entre ellas por un máximo de seis personas. De manera particular en las redes creadas en internet, las personas que pertenezcan al primer grado serán las más cercanas y las que se conocen directamente. A medida que se va avanzando en el grado de separación, disminuye la relación y la confianza.

No obstante, el usuario que se ponga en contacto con miembros de la red situados a seis grados sabe que fueron sus propios contactos los que finalmente lo llevaron a esa persona. Esto no solo ocurre en los medios electrónicos, sino que aplica a la vida en general. Dicha manera de contactarse funciona como una especie de filtro, ya que, en términos generales, las identidades siempre quedan aseguradas. Todo el mundo es quien dice ser.

De este modo las redes sociales se construyen a partir de gente que conoce gente. Una persona crea un grupo en el que va añadiendo primero a sus amigos y después cada uno de estos va invitando a los suyos, por lo que no se puede pertenecer a una red ya creada si no se tiene alguna relación previa en el exterior con una persona que pertenezca a la misma. Así se forman las grandes redes: entras en contacto con amigos de tus amigos, que sin este método quizás nunca hubieras conocido.

Puedes crear tu red de contactos desde cero e ir invitando a miembros a que se sumen. En este tipo de redes solo se puede entrar si se conoce a algún miembro. Por lo que la principal diferencia con las páginas de contactos es que las relaciones establecidas son de más confianza y no pones tanto en riesgo como con las citas a ciegas, ya que siempre hay alguna persona en común que los unió. Los sitios web de redes sociales más famosos en internet en México son Facebook y Twitter, por lo pronto.

Como mencionábamos, en estos espacios virtuales es posible interactuar con otras personas, compartir aficiones e intereses, intercambiar opiniones y mostrar lo que más te gusta. Se puede hacer uso de espacios blog o páginas para chatear con amigos, así como compartir fotos y archivos, o estar inscrito a un club virtual en el que se realizan intercambios con otros. De este modo ya eres parte de una red social cibernética.

Ser parte de una red social puede tener muchas ventajas, pues bien dirigida te abrirá un mundo de posibilidades: ver qué está pasando en diversas partes del mundo, divertirte interactuando con diferentes personas y también investigar acerca de temas que te apasionen y que seguramente a otros también les son de interés. Además, las redes sociales permiten hacer amigos, incluso conseguir pareja. Después de un intercambio virtual relevante, un encuentro personal "en vivo y a todo color" tiene andado un camino previo y, por lo tanto, otro tinte y otro sabor.

Si bien mencionamos a lo largo del capítulo los diversos ciberespacios existentes, te enlistamos ordenadamante algunos ejemplos:

- *Blogs*: Puedes armar el tuyo. Un blog es una página propia en el que escribes acerca de temas de interés, muestras canciones, libros, escritos, fotos y cosas que a ti te gustan. Es una forma de compartir y compartirte con tus amigos. En la película "Julie y Julia" podemos ver cómo una persona común, sin bases formales como escritora, puede llegar a relacionarse significativamente con otras personas al convertir una afición, un interés, en un proyecto por medio de un blog.

- *Apoyo comunitario*: Un espacio para prestar ayuda a otros y ser solidarios.
- *Chat*: Te permite un contacto inmediato con amigos, y mantenerte y mantenerlos al tanto de en qué andas.
- *Redes sociales (como Facebook)*: Esta red en particular es la de mayor alcance. Tiene más de 500 millones de participantes, por lo que es un buen lugar para buscar amigos que no ves hace tiempo y para conocer a los amigos de tus amigos. En esta página puedes compartir ideas, fotos, videos, artículos, etcétera. Bien usada es un recurso para mantenerte en contacto.
- *El correo electrónico*: Es una herramienta para mantener una comunicación más vasta con familiares y amigos. El correo electrónico vino a sustituir al correo convencional, con la ventaja de que lo recibes de inmediato. La escritura es un recurso poderoso para expresarte, develarte, compartir y preguntar.
- *Páginas para fines específicos*: Los diversos buscadores del ciberespacio te facilitan encontrar grupos, páginas y sitios para cultivar intereses como la poesía, música o alguna otra afición y relacionarte con gente que comparta estos gustos. Existen, incluso, espacios específicos para buscar pareja.

Si nunca entraste a una red cibernética, pídele asesoría a tus hijos o sobrinos para que te enseñen a navegar por estos sitios.

¡Ojo! Recuerda que una red social no existe solo en internet. No desprecies estas herramientas, pero tampoco te vuelvas exageradamente virtual; recuerda que afuera hay un mundo que te espera. Además, mucho tiempo en la computadora puede afectar tu salud; no vale la pena abusar de este recurso. Tampoco sustituyas a tus amigos de carne y hueso por estar con tus amigos virtuales, saca tiempo para reunirte con ellos en espacios agradables y acogedores; existen muchos círculos sociales fuera de internet. Toma acción y disfruta los efectos que este movimiento tendrá en ti. Así que después de un rato en internet... ¡A salir de casa para conocer gente!

IDEAS PARA VALORAR MI AVANCE

1. Me relaciono con amigos de manera diferente, desde que inició mi crisis.
2. Tengo al menos un amigo del mismo sexo de toda la vida.
3. Tengo al menos un amigo del sexo contrario de toda la vida.
4. Estoy satisfecho con mis relaciones sociales actuales.
5. Tengo amigos cercanos que me conocen y me entienden.
6. Parece que la gente disfruta estar conmigo.
7. Tengo amigos tanto solteros como casados.
8. He conversado acerca de este libro con un amigo importante.
9. Puedo platicar con un amigo cercano acerca de mis preocupaciones importantes.
10. Recuperé a amigos que tenía antes de estar en pareja.

11. Pertenezco a nuevos círculos sociales.

12. Recibo ayuda de mis nuevos amigos para crecer.

13. Me siento valorado por lo que soy y no por lo que tengo.

14. Me siento apoyado por los nuevos integrantes de las redes a las que pertenezco.

15. Puedo compartir, abrirme emocionalmente, contar mis penas y alegrías a los integrantes de mis redes sociales.

16. Considero los ciberespacios como un recurso para relacionarme, pero evito que sustituya los encuentros personales.

CAPÍTULO 5

Me quiero, no me quiero…

Y ahora, ¿quién soy?

Pensamos con frecuencia que si nosotros amamos a alguien este nos ha de corresponder, lo que le da cierta *coherencia* a la vida: quiero y me quieren. Tendemos también a decirnos que si alguien nos quiere es porque hay cosas valiosas en nosotros y, por lo tanto, "somos alguien"; esto nos confiere una identidad. Y para culminar esta secuencia nos decimos: "si amo y si me aman nuestro amor permanecerá así"; esta sensación nos da una experiencia de certidumbre.

Este modo de pensamiento puede parecerte usual, quizás hasta antes de tu divorcio habías vivido bajo esas premisas. Hoy tras un rompimiento amoroso sabes, por ingenuo que hayas sido, que las cosas no funcionan del todo así. Seguramente la separación, en mayor o menor grado, te hizo sentir que "te desmoronabas". Preguntas como ¿quién soy?, ¿qué valió la pena?, ¿para qué sirvo?, ¿a quién le importo?, ¿qué sigue? aparecieron haciéndote dudar de ti mismo y del sentido que tiene tu vida. La separación alteró probablemente tu sensación de coherencia y certidumbre, pero particularmente de identidad.

Este desacomodo puede manifestarse en ti de diferentes modos. Tal vez experimentas distracción, la sensación de dar tumbos entre lo que te interesa y al poco tiempo ya no. Posiblemente sientes cierta pérdida de dirección y te molesta la ambivalencia de no saber hacia dónde dirigirte, como si hubieses perdido la brújula. Esta desorientación general puede llevarte a pensar que todo da lo mismo, que nada vale la pena, incluso sientes desencanto por los valores y principios que antes te sustentaban.

El malestar de esta ambigüedad y apatía podría tentarte a encontrar respuestas rápidas, fáciles y superficiales, con las que quizás recibas conclusiones triviales que no te satisfacen y te dejan una sensación de falta de solidez, de estabilidad y de integración. A esta experiencia incómoda que transitas podemos ponerle un nombre: crisis de identidad.

Al hablar de identidad nos referimos al "núcleo que constituye el yo", a la experiencia de "yo soy". La identidad se forma por la interacción con el medio que nos rodea aunado al funcionamiento individual de cada persona. La identidad es un referente interno a partir del que interactuamos con los demás. Antaño se pensaba que era la "esencia" de la persona y por lo tanto era inmutable, pero al paso del tiempo se constata que la identidad no es rígida ni fija, por el contrario, se modifica a lo largo de la vida justo por las diversas experiencias transitadas y las relaciones interpersonales generadas.

Como adulto, parte importante de tu identidad se construye a través de tu relación amorosa, por eso al separarte, tu identidad se ve afectada: te preguntas quién eres y cómo seguirás tu vida. No sabes cómo mostrarte al mundo, cómo manejarte. Te sientes inadecuado e ineficaz. Si ante esta ansiedad adoptas una identidad que te resulte incongruente, al paso del tiempo tu autoestima se verá afectada.

Requieres reinventarte y reconocerte para recuperar un claro sentido de identidad, esto te permitirá experimentarte autónomo, generar relaciones significativas y ser el arquitecto de tu destino. No necesitarás que los demás te confirmen permanentemente, sino que verás en ellos compañeros de crecimiento.

Revisemos alternativas para que emprendas el camino hacia la reconstrucción de tu identidad.

De la insignificancia a la identidad fortalecida

El derrumbamiento de la antigua identidad crea tal revuelo emocional que probablemente te haga sentir insignificante. La sensación de pequeñez, de insuficiencia, de inutilidad y de poca importancia te hará moverte en una subjetiva posición de impotencia y de falta de asertividad personal. Tanta vulnerabilidad puede ponerte defensivo o agresivo y lograr que muestres conductas como vigilar, protegerte, desconfiar, encerrarte y controlar, entre otras.

Estas vivencias concatenadas merman tu estima personal, y la falta de estima desencadena muchas cosas: violencia, celos, depresión, agresión. Reconstruir la identidad y reposicionarse en la vida requiere, en primera instancia, revisar el concepto de ti mismo y trabajar en la autoestima; no hay caminos fáciles ni recetas mágicas. Sin embargo, este recorrido hacia el autoconocimiento tampoco es tan desolado; si bien está lleno de retos y algunos sufrimientos, también reporta la gratificación más consistente para la persona: el amor a uno mismo, la conquista de la propia autonomía y el diseño del propio destino.

El "sí mismo" y, por lo tanto, la valoración que de nosotros hacemos, está conformado por cuatro características estructurales: la corporalidad, las actitudes, lo erótico y lo intelectual. Estas dimensiones describen las maneras en las que nos asomamos al mundo y tratamos con el exterior, es decir, cómo nos relacionamos con los demás y nuestra posición en relación con el mundo que nos rodea.

En la corporalidad incluimos la belleza, la fortaleza, la distinción; en las actitudes, nuestra manera de relacionarnos con las personas: con ignorancia, simpatía, agresividad, bondad. La tercera característica la constituye lo erótico, lo masculino y lo femenino, el atractivo, la sensualidad. Y por último está lo intelectual; es decir, nuestra capacidad de juicio y habilidad verbal, la información que tenemos, lo que la cultura nos da.

Estas cuatro dimensiones, si bien se distinguen entre sí, se mezclan en diversas proporciones, dependiendo de las circunstancias y necesidades de la persona en juego. Pero ¿qué te ocurre tras una separación? Cuando pierdes identidad, coherencia y certidumbre en tu vivir, experimentas un derrumbamiento de ti mismo y estas cuatro dimensiones se alteran. De manera concreta dejas de confiar en ti: te vives, entonces, incapaz e inepto. El resultado final es la parálisis ante los desafíos más cotidianos de la vida o el manejo inoportuno e ineficaz de los mismos.

Este derrumbamiento no solo lo experimenta el miembro de la pareja que se vivió como rechazado, aunque sin duda la experiencia de abandono es uno de los factores que más lo desencadenan. Aun habiendo tomado tú la iniciativa de la separación, enfrentar los retos de la nueva vida –el manejo de los hijos, la situación económica, la soledad, la creación de nuevas relaciones– y pararte solo en escenarios sociales con todas las pérdidas que esto representa, te obliga a recorrer un camino que no habías transitado. Puedes sentirte extraño, desubicado y atemorizado: la persona que antes "eras" hoy desconoce los territorios que atraviesa. Has de replantarte quién eres y a dónde vas.

Este reposicionamiento te llevará a vivencias particulares en las cuatro dimensiones que te constituyen. A escala corporal podrás sentirte feo, débil, incontrolable, torpe. Quizás tus actitudes se alteren, por lo tanto tu relación con los demás podrás vivirla como inadecuada y fuera de lugar: crítico, inseguro, defensivo, inquisitivo. En el terreno erótico, que generalmente se anuló en la relación perdida, podrás experimentarte como mutilado; no sabrás acercarte ni seducir y dudarás de tu capacidad erótica, quizás hasta te asustes de generar nuevos acercamientos. Además, sentirás que tus procesos cognitivos, tu capacidad de razonar, interpretar y expresarte, se habrán alterado, porque tu dimensión intelectual también queda afectada.

Como ves, la terminación de un amor puede ser devastadora para el concepto de ti mismo. En este caso, si no estás alerta, podrías inmovilizarte en diversos ámbitos de la vida: trabajo, educación de los hijos e interacción con los demás. Muchas parejas en crisis desde antes de la separación desarrollan patrones de interacción destructivos para el concepto de sí mismos, de hecho algunas personas no pueden siquiera terminar el matrimonio debido a los sentimientos de minusvalía. Este mutuo proceso, previo y postseparación, es un "atentado a la autoestima".

La solidez del concepto de uno mismo es quizás el aspecto psicológico que más influye en la capacidad de reconstruir la vida. Sin este es difícil apreciarte y despertar interés en los demás. Un sano concepto de ti mismo te permite mirarte con aprecio y agrado, acercarte al otro con gusto y curiosidad y facilitar que este te devuelva una mirada fortalecedora. Un concepto de ti mismo bien plantado permitirá que te gustes, que gustes y te dará la capacidad de mirar a los otros con benevolencia y gustar de ellos también.

Si tuviéramos que definir el concepto de ti mismo diríamos que se refiere al sujeto que consciente o subconscientemente piensas que eres: rasgos físicos, emocionales, intelectuales, cualidades, defectos, etcétera. Incluye creencias acerca de quién eres, mismas que se manifiestan en los sentimientos que afloran en ti y en tus comportamientos. Esta manera de percibirte modela tu destino.

Mucho de lo que sientes respecto de ti lo construiste en los primeros años de tu vida mediante la relación con las personas más cercanas y significativas para ti, generalmente tus padres. En la adolescencia lo que te reflejaron tus amigos y compañeros fue de gran importancia para seguir armándolo. Posteriormente, en la edad adulta, la pareja se convierte en el recurso primario de validación y retroalimentación, lo que afecta de manera importante la imagen que creas y sostienes acerca de ti. Como ves, el concepto de ti mismo es la columna vertebral de la personalidad. De ahí la fractura que sufre cuando atravesamos un proceso de separación.

A estas alturas del partido te quedará claro que recuperar tu identidad y reconstruir la vida implica trabajar en el concepto de ti mismo. No dejes la ejecución de esta tarea en palabras e ideas sueltas. Teje un mecanismo que te dé pistas concretas.

Tal vez no valgo tan poco

Siendo tan importante para el desempeño en la vida, ¿de qué depende el concepto de ti mismo? La respuesta es contundente: de la toma de conciencia y del uso oportuno de los atributos personales. Al hablar de atributos personales nos referimos a los rasgos, predisposiciones, aptitudes, capacidades, destrezas y habilidades propias que todo ser humano posee y que él mismo puede desarrollar.

Naciste con una carga genética que te hace más proclive a actuar de cierta manera. Esta herencia, sin duda, te predispone hacia ciertos atributos personales particulares; por su parte el medio también propicia que desarrolles diversos rasgos, algunos que te facilitan y otros que entorpecen el buen concepto de ti mismo. Sin embargo, más allá de la predisposición genética y del condicionamiento social, es indiscutible que los atributos personales pueden desarrollarse con voluntad y conciencia.

A diferencia de los rasgos físicos que son poco modificables, los atributos personales se ubican en el territorio de lo psicológico y de lo social. Por esto puedes aprenderlos, cultivarlos, practicarlos y adoptarlos con mayor o menor grado de dificultad. La inteligencia integral, la simpatía, la sensibilidad, la confiabilidad, incluso actitudes y destrezas como la capacidad de empatizar, la elegancia, la amabilidad y la sinceridad puedes integrarlas como atributos personales si las consideras valiosas y útiles.

Date cuenta de que puedes construir un concepto sano de ti mismo si desarrollas tus atributos "positivos" y moderas los "negativos". Todos estos rasgos pueden transformarse con voluntad. Un ejemplo concreto sería la inteligencia integral y su uso práctico: la inteligencia que tengas, bien utilizada, te permitirá entender el entorno, resolver situaciones, tomar iniciativas adecuadas, analizar lógicamente problemas y actuar en consecuencia; también te facilitará entender los argumentos ajenos y saber estructurar los propios. Si usas y desarrollas tu inteligencia para favorecer tu capacidad de comunicación, aseguras un grado de bienestar y éxito social.

Por el contrario, si en tu enojo utilizas la inteligencia para ensalzarte, devaluar a tu ex, renegar del amor y hacer sentir inferiores a los demás será difícil que adquieras un sano concepto de ti mismo y que reconstruyas tu sentido de identidad. Hay quienes incluso con una inteligencia poco dotada tienen la virtud de convertirla en energía positiva si saben comunicarse con los demás. Por lo tanto, más que preocuparte por la magnitud de tu inteligencia, ocúpate en hacer buen uso de la misma.

Este ejemplo es aplicable a otros atributos personales como la simpatía, que es la inclinación o afecto natural que experimenta una persona respecto de otra. Incluye también la capacidad de despertar el interés de los demás mediante el uso del ingenio y el don de gente. La simpatía es un derivado de la inteligencia verbal, la habilidad social y la capacidad de adaptación al entorno. La persona simpática sintoniza rápidamente con las circunstancias y reacciona de forma variada y flexible ante lo que ocurre a su alrededor.

No todos poseemos las mismos rasgos, pero todos tenemos diversidad de recursos. ¿Será que por mirar los atributos más aceptados por la sociedad dejaste de reconocer los tuyos? Si bien la simpatía es un valor positivo bastante reconocido por la gente, también puede serlo, en otro sentido, la seriedad. La inteligencia es muy valorada, pero solo si se expresa de forma adecuada, lo mismo ocurre con la sensibilidad o la sinceridad. El uso oportuno de estas cualidades hará que gusten; el abuso y derroche de las mismas puede empalagar e incluso ofender.

Recuerda que la personalidad se basa en el concepto de ti mismo y si bien no puedes modificarla del todo, sí tienes la capacidad de mejorarla voluntariamente. La clave te la dimos: trabaja en explotar tus atributos personales y convéncete de que el éxito reside en usarlos de forma adecuada, no tanto en su magnitud. Cualquier cualidad se convierte en defecto si no se usa sabia y oportunamente.

La clave para emprender este camino es la voluntad; sin embargo, no podemos negar que somos una generación que no la posee en gran cantidad: dejamos de hacer lo que necesitamos y luego nos quejamos cuando no conseguimos nuestras metas. Seguro eres de los que quiere sentirse bien consigo mismo y con los demás, pero darte a la tarea y al esfuerzo que requiere el logro de tus objetivos no te es tan agradable. Tendrás mejor resultado en tu recuperación si utilizas al máximo y con oportunidad tus atributos personales. Culpar a los demás de tus obstáculos y fracasos es una postura fácil, pero con efectos contraproducentes que deberás asumir.

Hablemos de autoestima

¿Y cuál es la relación entre el concepto de ti mismo y la autoestima? El primero incluye a la segunda, aunque esta tiene que ver con dos elementos importantes: sentirte capaz o competente y digno o merecedor.

La autoestima empieza a forjarse en la primera infancia como consecuencia de los cuidados y caricias de nuestros cuidadores primarios, generalmente nuestros padres. Cuando niños pensamos, quizás de forma inconsciente: "Si la gente me quiere debe de ser porque soy digno de ser querido; si a mí me gusta que me quieran, seguro a los demás también, entonces, como querer es bueno y me considero digno de ser querido, procuraré mantener relaciones en las que pueda dar y recibir ese sentimiento".

Si no te sentiste muy querido en la infancia quizás no te sientes digno de amor ahora que eres adulto. Sin embargo, que tus padres te hayan querido por ser su hijo no es suficiente para merecer el amor de los demás. De manera particular, tras una separación, seguro aparecen en ti preguntas, conscientes o inconscientes, como ¿soy digno de amor?, ¿me volverán a querer?, ¿quiero querer a alguien en el futuro? La separación tambalea la autoestima, por lo que requieres fortalecerla más allá de tus experiencias infantiles.

La autoestima te lanza a afrontar los desafíos básicos de la vida como merecedor de amor y felicidad. Esta definición tiene dos componentes:

a) *Capacidad personal o competencia.* Permite que confíes en ti mismo, que te sientas eficaz y capaz para enfrentar los desafíos básicos de la vida: cuidar de ti, ser responsable de tu vida, generar los medios económicos que te sustenten, superar lo desagradable y las adversidades de la vida, ser efectivo en las relaciones humanas. Es confiar en tu capacidad de pensar, en el funcionamiento de tu mente como herramienta de conocimiento que te permite juzgar, elegir, decidir y corregir, entre otros. La sensación de competencia también te ayuda a reconocer y confiar en tus percepciones para comprender y respetar la realidad, al tiempo que te facilita desarrollar tus atributos personales para enfrentarla. Ser competente no significa ser *Superman* o *Superwoman* ni experto en cualquier área existente; tampoco implica poder y saberlo todo. Tus intereses, valores y circunstancias determinan las áreas en las que te enfocas y lo que necesitas o quieres desarrollar. Dudar de tu capacidad personal para resolver y hacerte cargo te paraliza, genera ansiedad y una incómoda sensación de no poder dirigir el curso de tu vida. Por el contrario, sentirte capaz, si bien no te dará el control de todo ni la solución mágica a cualquier problema, sí facilitará que te experimentes como el centro vital de tu propia existencia y el conductor de tu destino.

b) *Mérito o valor personal.* Permite sentirte digno, respetable y con la convicción de tu valía. Con ella te sientes merecedor de amor y felicidad y, por lo tanto, actúas para satisfacer tus necesidades, respetar tus deseos, reconocer y expresar tus sentimientos y defender tus principios. Sentirte merecedor te permite gozar del logro y hacerte respetar por los demás. Posibilita relaciones equilibradas: no temer el encuentro ni caer en el aislamiento ("no valgo, no soy digno de nadie, no merezco amor ni amistad") y tampoco caer en la necesidad enfermiza de alguien más ("sin los otros no valgo nada").

Como verás la autoestima más que un sentimiento u opinión personal es una poderosa fuerza motivadora que te inspira a actuar. Esta se conquista mediante un proceso que incluye la aceptación personal, ser congruente con lo que deseas, piensas y sientes, hacer uso de la asertividad como medio para afirmarte y hacer valer tus deseos, valores e intereses, asumir la responsabilidad por ti mismo y encontrar un sentido de propósito que dé dirección y significado a tu existencia.

La integración de estas actitudes ante la vida y generar acciones concretas que las sostengan requiere alto grado de conciencia de parte tuya: atreverte a pensar, a cuestionar, a saber; evitar engañarte, evadirte o acomodarte a lo más fácil. ¡No hay peor ataque a la autoestima que la traición a ti mismo! No importa que nadie se entere de tus incongruencias, basta que las sepas tú.

Si agregas el desarrollo de tus atributos personales para hacerte deseable mediante tu forma de ser y comportarte, estarás en el camino de la seguridad personal. Esta evolución interior que escribimos en unos cuantos renglones toma años: es lo que conocemos como conquista de la madurez. Nunca es tarde para iniciar tu proceso de maduración personal, nos atrevemos a afirmar que las crisis abren puertas para trabajar en ella y que un rompimiento es una invitación concreta a emprender este reto que termina convirtiéndose en una aventura de crecimiento.

Ay, ¿cómo empiezo a cambiar?

Quien se mejora a sí mismo gana autoestima, la autoestima da seguridad, y la seguridad y la autoconfianza son indispensables para atravesar y salir crecido de una crisis de separación. Pero después de las reflexiones que te compartimos en este capítulo te darás cuenta de lo común que es hablar de autoestima en forma banal. A estas alturas ya estarás descubriendo que no hay fórmulas mágicas para conseguirla, que solo existen estrategias y directrices artesanales dado que la conquista de la autoestima es parte del proceso de maduración personal.

La palabra *estrategia* y la palabra *sendero* son indicadores importantes a considerar en la consecución de la autoestima y de la madurez personal, estas no se consiguen en la mente de la persona sino mediante conductas concretas de la misma. Si quieres mejorar tu autoestima has de convencerte de que para gustar de ti mismo y usarte integralmente en la vida necesitas primero estar satisfecho con lo que haces.

Comprender esta afirmación y su eficacia requiere determinadas prácticas que te conducirán paso a paso y con el tiempo a desarrollar óptimamente tus capacidades. A esas prácticas les llamamos conductas de *autovalidación*. De hecho, los atributos personales que mencionamos anteriormente se ejercitan mediante estas conductas. Cuando al hacer o decir algo te sientes más auténtico, autónomo, congruente o positivo, estás desarrollando una conducta de autovalidación. Estas acciones son una especie de "gimnasia mental" que te ayudan a activar el potencial psicológico que tienes latente. Necesitas actuar para actualizar tus recursos internos, no basta lo que reflexiones y lo que pienses.

Por ejemplo, pienso en algo que me haga sentir mejor física y emocionalmente y decido perder peso (trazo una meta). Decido dejar de comer postres y hacer ejercicio tres veces a la semana (estrategia, sendero). Lo llevo a cabo por dos semanas (autovalidación).

Las conductas de autovalidación pueden darse por acción o por omisión. Un fumador que deja el cigarro ejecuta una conducta de autovalidación por omisión y un tímido que exprese sus sentimientos realiza una conducta de autovalidación por acción. Esta práctica conductual por medio de acciones u omisiones concretas genera una sensación de bienestar, alegría y seguridad interior que ayuda a reforzar el autoconcepto y la autoestima. ¿Cuántos comportamientos voluntarios realizas y te producen la sensación de ser protagonista activo de tu vida? Las conductas de autovalidación te permiten actuar bajo tus propios parámetros, con el mayor grado de conciencia posible convirtiéndote en impulsor de tu propio crecimiento.

Podrás pensar: ¿Por qué es tan difícil el camino de la autovalidación si se trata de conductas sencillas y concretas? La respuesta es simple, aunque llevarla a cabo representa un reto profundo: toda conducta de autovalidación desafía inercias; dichas inercias o modos comunes de actuar impiden el cambio; detener y mover dichas inercias requiere de esfuerzo y determinación. Integrar a la vida estos cambios de comportamiento siempre genera dudas: ¿estaré haciendo lo correcto?, ¿servirá de algo este esfuerzo?, ¿perderé el cariño de los que me importan?, ¿haré el ridículo? Por eso vencer los obstáculos produce cierta ansiedad que debes estar dispuesto a tolerar y atravesar.

El primer paso para ejecutar acciones de autovalidación es que te plantees objetivos concretos y alcanzables; estos evitarán intentos fuera de lugar y desequilibrios innecesarios. A mayor intento de cambio mayor es la ansiedad, pero también es más grande la satisfacción que experimentarás con el logro de tus metas. La ejecución de las propias conductas de autovalidación compensa sobradamente la ansiedad que te generará el cambio de actitud; rápidamente apreciarás que pequeñas acciones sostenidas en el tiempo producen importantes resultados.

El opuesto a este proceso de reafirmación personal equivale a la traición hacia ti mismo: arrastrado por las expectativas de los demás, tu propia inercia y temores recónditos no haces valer tus deseos, necesidades, intereses y valores y vas en contra de ti mismo. ¿No sufriste en silencio la vergüenza de "venderte" y no defender tus convicciones? Pocas cosas generan tanta minusvalía como la traición a uno mismo. Actuar bajo parámetros ajenos o dejar de actuar por falta de voluntad te lleva a desconfiar de ti mismo. Es una especie de derrota previa a cualquier intento de cambio.

Si realmente estás interesado en cambiar es importante que destierres la idea de que la autoestima se modifica por medio de ideas y te convenzas de la importancia de actuar. Son muchas las maneras de activar este proceso de transformación, pero te proponemos tres mecanismos particularmente eficaces:

1. Diseña variadas *experiencias* de vida: planea un viaje, lee un libro, cursa un taller, genera alguna relación. Las experiencias de vida te obligan a salir de tu zona de confort, te perturban y, por lo tanto, amplían tu manera de vivirte y mostrarte. Te enriquecen.
2. Crea nuevas *narraciones* acerca de ti y el mundo que te rodea; este mecanismo privilegia la reflexión: revisa *cómo* te describes, analiza tu pasado y lo *reacomoda* generando diversas interpretaciones del mismo, agrega explicaciones que enriquecen el cuento que siempre te dijiste de ti mismo, reescribe tu historia preguntando a quienes te rodean cómo te ven.

3. Ejecuta *acciones* concretas que te permitan hacer las cosas de manera diferente; por ejemplo, poner límites a conductas abusivas de otros, pedir lo que necesitas, levantarte más temprano, expresar lo que sientes, abrir una cuenta de banco, visitar a alguien que no has visto, compartir con alguien lo que piensas, comprar algo que siempre deseaste, cambiar tu cama de lugar.

Planear experiencias, construir nuevas narraciones o ejecutar acciones es realizar conductas de autovalidación. Estas conductas te moverán de la zona en la que estás "incómodamente" asentado, te permitirán descubrir tu poder y conquistar tu autonomía. Modificar lo que vives, lo que dices o lo que haces promoverá un movimiento en cualquier punto de este "triángulo" experiencia-narración-acción activando tu proceso de transformación. La transformación es el único camino hacia la auténtica autoestima.

Pero, ojo, si no te decides internamente no puedes echar a andar este proceso. La decisión de cambiar es previa a cualquier acción, sin ella es imposible movilizar ningún recurso. ¿Cómo se llega a tomar la decisión? Es común estar cansado de vivir de determinada manera o estar harto de alguna situación, pero la gente con frecuencia se queja y se queja sin tomar la decisión de hacer algo para ponerse en otro lugar. A veces el grado máximo de malestar o la sensación de un atrapamiento sin salida es lo que te lleva a la convicción de que así no puedes seguir. Sería muy útil anticiparte a ciertas "catástrofes" de la vida e iniciar movimientos en relación contigo mismo y el tipo de vida que tienes antes del derrumbamiento. Esta óptima alternativa de anticipar el cambio no es usual y generalmente son los acontecimientos los que se imponen aun sin planearlo o quererlo. Quizás esto fue lo que sucedió con tu separación amorosa.

Te invitamos a que de ahora en adelante anticipes en lo posible y aceleres desde tu voluntad el proceso de cambio. El ser humano se caracteriza por tener un potencial interno que busca las condiciones adecuadas que le impulsan a crecer. Te compartimos una lluvia de ideas que dio buenos resultados en las personas que asisten a nuestro consultorio y a nuestros talleres. Cualquiera de ellas te servirá para echar a andar el triángulo de la transformación. Recuerda que un pequeño movimiento puede impulsar una gran evolución.

1. Haz una lista con 10 aspectos que te agradan de ti. Esta tarea tan concreta favorece que empieces a mirarte distinto.
2. Di cosas positivas de ti a otros, no se trata de ser petulante o presumido sino de que puedas, con mesura y en momentos oportunos, mostrar ante los demás lo que reconoces en ti.
3. Observa las relaciones que entablas y elige cuáles quieres conservar. Gran parte de tu autoconcepto se construye a través de la retroalimentación. Cabe entonces preguntarte: ¿qué relaciones son constructivas para mi autoestima? ¿Cuáles me hacen más daño que bien?
4. Suelta los pensamientos negativos, generalmente son "discos viejos" de nuestros padres. Haz a un lado los que limitan tu crecimiento porque se arraigan en creencias erróneas o historias pasadas. Crea "nuevos discos" para ti, escúchalos, escríbelos.
5. Ábrete a escuchar los comentarios positivos que otras personas hacen de ti, sin duda los demás miran cosas que

tú no puedes ver. No pongas foco solo a los comentarios negativos.

6. Decídete a cambiar cada día una cosa por pequeña que sea. Asegúrate de que sea algo fácil y alcanzable para que tengas una sensación de logro. Poco a poco, confiando en ti, podrás aumentar el grado de dificultad. Arriesga un poco, sal de tu zona de confort y sostén en el tiempo estos movimientos.
7. Da y recibe abrazos. Tocar a otras personas para mostrar afecto puede generar temor porque el acercamiento puede interpretarse como interés sexual. Hay una diferencia entre las caricias sexuales y las caricias afectivas. Está comprobado que tocarnos, acercarnos físicamente, abrazarnos y acariciarnos es muy sanador.
8. Trabaja arduamente en desarrollar una comunicación significativa con alguna persona. Pide y da retroalimentación auténtica, comparte algo que nunca hayas abierto con nadie y profundiza en tus sentimientos.
9. Reconoce algo que te sale bien como "tu mejor parte" y estírala para que sea tu mayor atributo personal.
10. Asume que el dolor es inevitable: hay cosas que te van a doler, que ya te dolieron y que te dolerán. Paradójicamente no hay crecimiento sin dolor.
11. Equivócate. Si no quieres hacerlo, no hagas nada: no te muevas, no respires. Reconocer que los errores ponen de manifiesto tus limitaciones ya es en sí mismo una virtud.
12. Reconoce que tal vez requieres apoyo terapéutico. Ir a terapia no significa ser "enfermo mental", sino que estás en búsqueda de alternativas, quieres aprender a manejar los conflictos y necesitas acompañarte en procesos críticos de la vida. La terapia es una manera de obtener

contención en el lugar adecuado y de ampliar la perspectiva de tu mapa del mundo.

Es imposible lograr cierto grado de satisfacción y bienestar sin "bien obrar". ¡Hay que hacer algo! Y algo diferente. Te irás dando cuenta poco a poco de que el tiempo todo lo cura y lo hace cuando te decidas a madurar.

¿De dónde vengo? Los lastres

Analiza los siguientes ejemplos: Una mamá cuyo hijo quejoso le recuerda a su propio padre (hombre enojón que la criticaba) no puede evitar darle un golpe cuando el niño le reclama algo. Un hombre reporta que creció con un padre que lo descalificaba pero que frente a los demás se mostraba orgulloso de él; este hombre decidió que quería que lo halagaran a solas y escogió para casarse una mujer que aparentemente le daría estos "apapachos", al poco tiempo se dio cuenta de que eligió a alguien muy crítico también. Una pareja eligió un estilo de vida conservador parecido al de sus padres, ella poco a poco empezó a cambiar su conducta: se relacionó con un grupo de gente más joven, inició nuevas actividades que nunca había incursionado, generó espacios de interés fuera del matrimonio; un buen día le dijo a su marido que el matrimonio la "asfixiaba" y que quería dejarlo para "seguir su camino".

¿Te identificas con alguno de estos casos? Todos cargamos lastres de antaño, peso extra e innecesario a lo largo de la vida. ¡Es momento de deshacerte de él! A veces transitamos por la vida sin percatarnos de que actuamos en el presente reaccionando a vivencias del pasado. Hay quienes se hacen conscientes de ellas hasta que un compañero amoroso les dice: "Eso que me dices no tiene sentido, no me pertenece".

A lo largo de la vida descubrimos "tareas pendientes", relacionadas más con experiencias de la infancia o adolescencia que con el presente inmediato. ¿Cómo manejarte ante ellas? Tomar consciencia de tus sentimientos y de las voces que hablan en tu interior te permitirá distinguir con qué vivencia se relacionan y luego expresar tu enojo, tu miedo o tu tristeza oportunamente. Te permitirá dar salida a esa energía negativa acumulada en tu interior. Si no tienes la capacidad de entender tus sentimientos y de expresarlos, no podrás manejar los lastres que vienes arrastrando.

Los sentimientos atorados impiden la creación de relaciones diferentes de las pasadas. No trabajar en los propios lastres te llevará a recrear viejas escenografías, pero ahora con diferentes personajes; de ese modo podrás seguir representando los ya conocidos roles de antaño. Tomar conciencia y reconocer y expresar tus emociones te permitirá identificar los viejos lastres cuando aparezcan y no sentirte atrapado en ellos. Transformarse es manejarte en el aquí y el ahora.

Uno de los lastres que más se actúan con la pareja es el de "hacernos independientes": en un intento de rebelarnos contra nuestros padres y sus reglas actuamos de manera desafiante contra la pareja, nos resistimos a su influencia y retamos su papel en la relación. Pareciera que los cónyuges volvieran a transitar la adolescencia sin darse cuenta de que la relación de pareja es un encuentro entre dos adultos libres y en supuesta igualdad de circunstancias.

Por el contrario, muchas personas continúan conformándose con los deseos de sus padres y de la sociedad y nunca construyen una identidad propia. Presiones internas los impulsan a conservar un patrón permanente de complacer a los demás mostrándose como hijos sumisos ante su pareja. Esto genera mucho estrés en el matrimonio y pone con frecuencia al otro miembro de la pareja en un rol parental. La pareja que ocupa el lugar de "hijo" con el tiempo puede sentir que quiere liberarse de su relación, pero en realidad requiere liberarse de un control parental interno.

Con un buen manejo se puede crecer emocionalmente y desarrollar una identidad propia. Es mucho más eficaz hacer lo que realmente necesitas y te satisface que actuar en función de los demás, ya sea conformándote o rebelándote. Actuar bajo los parámetros propios es conquistar la autonomía y esta se alcanza transitando algunas etapas. Por ejemplo, *la etapa del caparazón* ocurre cuando eres joven y te adaptas al entorno intentando dar gusto a tus padres; adoptas su misma moral y sus valores. En la adolescencia, por medio de la *etapa de la rebelión*, rompes el caparazón y cambias de conducta haciendo no lo que "debes" sino desafiando límites y tratando de ver qué tan lejos puedes llegar. Es una etapa muy experimental: pruebas muchas conductas, anhelas la "independencia". Esta etapa bien atravesada te lleva a construir una identidad propia y mostrarte como un adulto diferenciado de tus padres. Cuando llegas a la *etapa del amor*, que se caracteriza por la aceptación y el entendimiento de los padres puedes afirmar que "hicieron lo mejor que pudieron con los recursos que tenían". El efecto de este proceso es una identidad propia que te permite amar como adulto y no con expectativas infantiles.

En la etapa del caparazón hacemos lo que debemos hacer, en la etapa de la rebelión hacemos lo que no debemos hacer y en la etapa del amor hacemos lo que queremos hacer. A veces las conductas de la etapa del amor se parecen a las del caparazón, con la diferencia de que la motivación para esta conducta es completamente diferente, pues lejos de querer complacer a los otros, por miedo de su rechazo y abandono, se busca complacer y ser congruente con uno mismo. Esto generalmente tiene efectos positivos en los demás: nos ven auténticos, comprometidos, sólidos y, por lo tanto, también capaces de amarlos, escucharlos y entenderlos.

¿Qué tiene que ver esto con las relaciones amorosas? Hay parejas que se estacionan en la etapa del caparazón gastando su energía en intentar satisfacer los deseos del otro. Cuando esto ocurre, llega generalmente el tiempo en que uno de los miembros de la pareja rompe el caparazón y pasa a la etapa de rebelión enfrentándose a su compañero.

Reconocer y hablar de la propia rebeldía en vez de actuarla será mucho menos destructivo para nosotros y para quienes nos rodean. No es que no requieras espacios para experimentar algunas conductas transgresoras, pero es importante atravesar esta etapa con profundo diálogo interno para no estresar innecesariamente tus relaciones significativas. Un rompimiento amoroso es una invitación a reconocer tus lastres, entenderlos y manejarlos, de manera que convivas con ellos sin que estos determinen tu sentir y tu actuar.

Hablando de responsabilidad: cuidarte, cuidarlos, cuidarme…

Decíamos que algunas personas parecen más interesadas en cuidar de otros mientras que otras tienden a esperar que alguien las cuide. Los cuidadores acostumbran a decirles a los otros lo que deben hacer y lo que necesitan. Quienes reciben sus órdenes pueden asumir dos posturas: acatar y obedecer o bien, rebelarse y desafiar.

La mayoría de quienes se separan descubren que en su matrimonio tuvieron desequilibrio o inequidad en términos de responsabilidad. Recuerda tu anterior relación: ¿eras sobreresponsable y dominante?; o, por el contrario, ¿te mostrabas desvalido o rebelde? Cuando se dan estos modos de interacción y alguno de los miembros se cansa quiere sustituir los patrones rígidos por relaciones adultas más flexibles. El otro miembro de la pareja con frecuencia interpreta estos intentos de cambio como injustos y peligrosos, calificando al cónyuge como descuidado e ingrato porque pone en peligro la relación. La vida es un proceso de cambio continuo y la persona que insiste en cambiar no está en contra de la relación, solo responde a sus impulsos internos de crecimiento y seguramente busca acuerdos de mayor intercambio, mutualidad e igualdad en su vida amorosa.

La mayoría de las personas que asiste a terapia se topa con una guerra interna entre asumir mucha o poca responsabilidad en sus patrones de conducta. Esta lucha interna les consume mucha energía: si gana la parte muy responsable se sienten con frecuencia culpables, drenados, inhibidos; si gana la irresponsabilidad se viven impulsivos, violentos, impotentes. ¿Reconoces esta lucha en tu anterior relación? ¿Puedes darte cuenta de que era algo que tenía más que ver contigo que con tu pareja?

Si eres de los que se muestran muy responsables seguramente tiendes a relacionarte con personas a quienes puedas rescatar, actitud que lejos de generar beneficios impide tu progreso y el de los otros. Tal vez descubres que disfrutas más cuidando a alguien que siendo responsable de ti mismo. ¿Será que descubriste a temprana edad que tus recompensas y reconocimientos provenían del cuidado que dispensabas a los que te rodeaban? Por medio de este rol de cuidador quizás aprendiste a compensar tus sentimientos de soledad, de falta de afecto y de rechazo. No tomar conciencia de este patrón interno y modificarlo aumenta la probabilidad de que continúes en ese rol al entrar en cualquier relación, amorosa o no.

Empezar a cambiar ese modo de actuar incluye conductas que van desde decir "no" la próxima vez que te pidan algo que no quieres hacer hasta pedir que alguien haga algo por ti sin buscar la manera de "compensarlo" pagándole o prometiendo algo a cambio. Si tratas de asumir la justa responsabilidad que te corresponde evita sabotearte minimizando los límites que pones. Solo sé asertivo, dilo o pídelo a pesar del temor de ser rechazado; asume la posibilidad de que sí te rechacen, lo que te abrirá la oportunidad de manejar el sentimiento de rechazo.

Por razones de género se piensa que las mujeres asumen más el rol de cuidadoras que los hombres. Si bien esto es real en un sentido y en ciertas áreas de la vida, también es común encontrar hombres que se viven como cuidadores de los demás. Reconocer tus necesidades te ayudará a lograr el equilibro y a convertirte en un adulto con responsabilidades equitativas en una nueva relación.

¿Alguno de tus padres era perfeccionista? Si te sientes muy responsable es probable que la respuesta sea afirmativa y que por eso aprendiste a ser tan crítico contigo mismo y con los demás. Cuando es mucho lo que se esperó de ti, incluso sin que hayas sido regañado o castigado, tenderás a sobrexigirte y a esperar mucho de los demás. Ser perfecto es imposible; sin embargo, rezagos de antiguas exigencias te hacen sentir insuficiente, inseguro, ansioso y temeroso.

¡No se logra compensar esos sentimientos intentando ser perfecto para así ser amado! Tampoco es buen camino acercarte a las personas mediante la crítica, el juicio o el "sermón"; todas estas actitudes generarán en ti y en ellos sensación de insatisfacción. Un ejemplo extremo de esta conducta es la personalidad alcohólica: los alcohólicos son extremadamente autocríticos y bebiendo disminuyen esa autoexigencia.

Si te ubicas en el otro extremo de la balanza y te consideras poco responsable o incluso irresponsable, tu experiencia infantil puede asemejarse a lo siguiente: tal vez a temprana edad aprendiste que requerías mostrarte indefenso y desprotegido para que de ese modo alguien se encargara de ti. Esta estrategia de recibir amor y cuidados mostrándote incapaz e insuficiente puede derivar en que hoy tus dificultades oscilen desde la dificultad de manejar una chequera, pasando por delegar en otros la toma de tus decisiones, hasta tener tan poca confianza en tus capacidades que no deseas ni intentar ser autosuficiente.

Si a estos rasgos sumas actitudes de rebeldía, irás por la vida siendo intencionalmente descuidado y tu justificación será culpar a los demás de tus errores y fracasos. ¿Te descubres dando excusas y quejándote cuando no cumples una tarea que se te asigna y que es tu responsabilidad? Continuar con esta actitud te hará poco digno de confianza dado que esta se sustenta más en las acciones que en las palabras.

Fíjate en este caso: cuando Alicia empezó a ir a terapia después de su separación centraba todo su relato en lo malo que había hecho su exesposo. Estaba convencida de que si él no hubiera sido de este modo, si hubiera hecho otra cosa, no se hubieran separado; explicación que seguramente determinó parte de sus actos durante el matrimonio: esperar que él hiciera algo diferente. El trabajo terapéutico la llevó a focalizarse en su propia responsabilidad e hizo un balance más equilibrado de las responsabilidades de cada cual en el rompimiento. Esto le permitió hacer cambios en ella misma que le hicieron mejorar como persona y colocarse de modo más maduro hacia una nueva relación.

Ambas posturas son desequilibradas. La adultez es un estado en el que se asumen las decisiones de manera madura, se gestiona lo que se desea y lo que se quiere viendo las consecuencias de nuestros actos. Para esto se requiere la capacidad de distinguir cuando es necesario ser muy responsable y cuando menos, y no responder siempre del mismo modo ante cualquier situación.

Si bien la responsabilidad es un valor que está en la conciencia de la persona, y le permite reflexionar, administrar y valorar las consecuencias de sus actos, también es producto de su libertad. La libertad se conquista con un trabajo de conciencia y con las acciones que de él derivan. Entender tus auténticas obligaciones y hacer valer tus más profundos derechos es producto de una autoestima adquirida mediante un proceso paulatino de madurez personal.

IDEAS PARA VALORAR MI AVANCE

1. Acepto que mi separación produjo un derrumbamiento de mi sentido de identidad y elijo trabajar en ello.
2. Me tranquiliza distinguir los efectos de mi crisis de identidad en el área corporal, erótica, actitudinal e intelectual de mi persona.
3. Quiero mejorar el concepto de mí mismo para reconstruir mi sentido de identidad y conquistar la autoestima.
4. Distingo que poseo diversos atributos personales y genero acciones concretas para desarrollarlos.
5. Me conozco, me entiendo y me gusta la persona que soy.
6. Disfruto mi cuerpo y me siento una persona atractiva.
7. Soy cada vez más seguro de mí mismo.
8. Tengo la seguridad de que voy a manejarme bien en esta etapa de mi vida. No me siento ya un fracasado.
9. Me considero digno de amor y capaz de construir relaciones significativas y profundas.
10. Siento que lo que digo es importante para los demás.
11. Puedo recibir algunas críticas sin enojarme o ponerme a la defensiva.
12. Soy consciente de los lastres que cargo de mis relaciones pasadas y trabajo en ellos para no culpar a los demás de lo que me pasa.
13. Evito involucrarme con personas que me hagan repetir esos lastres.
14. Pienso en el crecimiento de mi expareja en estos mismos términos de proceso.

15. Identifico mi conducta como sobreresponsable o subresponsable y veo cómo actué en mi pasada relación de pareja.
16. Reconozco maneras constructivas de rebelarme en lugar de rebeliones negativas y destructivas.
17. Comienzo a crear relaciones adultas y soy flexible para comportarme de forma responsable de acuerdo con el caso.

CAPÍTULO 6

¿Será el amor el problema?

Desmayarse, atreverse, estar furioso,
áspero, tierno, liberal, esquivo,
alentado, mortal, difunto, vivo,
leal, traidor, cobarde y animoso.
No hallar, fuera del bien, centro y reposo,
mostrarse alegre, triste, humilde, altivo,
enojado, valiente, fugitivo,
satisfecho, ofendido, receloso.
Huir el rostro al claro desengaño,
beber veneno por licor suave,
olvidar el provecho, amar el daño;
creer que un cielo en un infierno cabe,
dar la vida y el alma a un desengaño:
esto es amor. Quien lo probó lo sabe.

LOPE DE VEGA

De amor y de amores

Lo confiesen o no, lo sepan o lo ignoren, sea admitido o negado, la gran mayoría de hombres y mujeres se inquieta por el rumbo de su vida afectiva. Los que están en pareja lo viven en ocasiones como un mal necesario, con la sospecha de que la felicidad está en otra parte. Los que se encuentran solos creen con frecuencia que el remedio a todas sus inquietudes estará en conseguir pareja, razón por la que desplazan o postergan todo lo que no se encamine en esa dirección, aunque vayan de desencuentro en desencuentro, culpando siempre al destino, la mala suerte o a los otros. El malestar amoroso es una gran epidemia con la que habrá que convivir inevitablemente durante el nuevo milenio.

Mucho de lo que sabes del amor lo aprendiste de los poetas. El amor no es algo que pueda verse o tocarse: es una experiencia y, por consiguiente, es difícil definirlo y describirlo. Puede ser que, después de una ruptura o aun estando dentro de una relación amorosa, creas que sabes qué es el amor; ¡una relación amorosa siempre te conmueve!, te embelesa, te decepciona, te cuestiona...

Quizás pienses en el amor usando esta metáfora: imagina que el amor es como un diamante con muchas caras. Puedes verlo desde diversas perspectivas y cada una de esas facetas representa alguno de los ingredientes que lo constituyen. Asumiendo esta mezcla, podrás deducir entonces que no hay una definición única que describa el amor y, por lo tanto, que tampoco existe un modo único de vivirlo. Tal vez tu intento de adaptarte a un modelo amoroso único haya sido parte de tus desventuras, hoy descubrirás que el amor no se ajusta a trajes a la medida según las necesidades, intereses y valores de los amantes.

Las parejas, cuando se casan, tienen más o menos equilibrada la proporción de los diversos ingredientes que constituyen el amor. Al paso del tiempo, sin embargo, surgen divergencias porque difícilmente se logra un crecimiento individual a la par: al ser desigual la evolución de las personas se constata que el amor tiene fecha de caducidad; el tiempo hace que los integrantes de la pareja se desfasen, se alejen, se separen. Con tu rompimiento amoroso seguramente descubriste con dolor que el amor puede terminarse; no es fácil mantenerlo, la experiencia nos muestra que no necesariamente vive toda la eternidad.

Cada ser humano es diferente y precisa ingredientes distintos para amar. Esto depende entre otras cosas, de la etapa de vida que estés transitando. Las personas no buscan lo mismo en una relación a los 20, que a los 40 o a los 60. Valdría la pena, por lo tanto, que intentes, más que hablar del amor, hablar de tipos de amores.

Algunos piensan que la vida actual da para tener tres o cuatro amores: el primero sirve para salir de la casa de los padres y con esto iniciar el camino de la autonomía. Luego viene un amor para hacer familia. Un tercer amor podría ser el de la realización personal, cuando el objetivo esta más centrado en los propios deseos, anhelos e intereses. Este amor suele ser intenso, profundo, apasionado. Finalmente se encuentra el amor para los últimos días, cuando se espera un acompañamiento para el cierre de la vida. Cada etapa de la vida, cada experiencia amorosa, requiere diferentes cosas.

Sin embargo, debes ser cuidadoso para no confundir el amor con otras actitudes, que no alcanzan para interpretar la experiencia amorosa. El amor incluye una amplia gama de experiencias vividas, percibidas e interpretadas de maneras diferentes en cada persona. Algunas manifestaciones, si bien pueden relacionarse con algún aspecto del amor, no lo agotan. Si piensas, por ejemplo, que el amor es hacer cosas por alguien, cuidarlo, poseerlo y no equivocarte, habrás de cuestionar y reformular dichas creencias rígidas para tener una vivencia más vasta del amor.

Existen estilos de amar muy diferentes. Por lo tanto, es importante que compartas algo de tu estilo propio con quien busques entablar una relación. Del mismo modo, requerirás ser receptivo para conocer su estilo con la finalidad de lograr la compatibilidad. Querer hacer pareja con alguien cuya visión del amor es muy distinta de la tuya generará dificultades en las expectativas, en la comunicación y en el entendimiento mutuo, pues las creencias básicas acerca de lo que significa amar serán irreconciliables.

Algunos tipos de amor:

- *Amor romántico.* Tiene calidez, sentimentalismo. Maneja todo tipo de emociones intensas, tiende a ser idealista y te lleva a buscar "tu media naranja", alguien con quien completarte.
- *Amor amistoso.* No es tan intenso, sino calmado. Es menos romántico, por lo que tal vez el erotismo y el sexo no son centrales. Es estable y respetuoso, menos demandante y más realista.
- *Amor compromiso.* Sigue normas y reglas concretas; más que interesarse en mucha intimidad, gusta de tener acuerdos convenientes y explícitos.
- *Amor posesivo.* Es dependiente y muy emocional, por lo que la vida en pareja se torna inestable, celosa e insegura.
- *Amor práctico.* Ve a la pareja de manera más realista; decide de forma racional mediante la elección de alguien de la misma religión, ideología política y con pensamientos similares respecto del manejo del dinero y la educación de los hijos, entre otras cosas.
- *Amor entregado.* Centrado en el otro, en el deseo de ayudarle a satisfacer sus necesidades.
- *Amor cultivado.* Aquí se trata de regar, cuidar y cosechar. Si lo descuidan la cosecha no se dará.

De alguna manera, cada persona tiene una mezcla de estos estilos. Conocer y entender tu propia mezcla de creencias, necesidades y expectativas acerca del amor hará más fácil comprender cómo influyeron estas en tu rompimiento. También será posible identificar los tipos de amor que te fueron útiles y para qué, así como los que te dañaron y de qué forma lo hicieron. Un rompimiento desarma, por lo general, las ideas acerca del amor que hasta entonces habías construido, por lo que es importante reconstruirlas con nueva información antes de iniciar una relación con otra persona.

En este punto, es recomendable recordar la experiencia de separación y los movimientos que generó en la vida; los cambios importantes que se dieron, las historias que te querías contar, las creencias que se desmantelaron, los cuestionamientos que entraron a tu mente, etcétera. Luego, puedes hacer una lista de todos esos cambios y describir el crecimiento que experimentaste desde ese tiempo; los aprendizajes acerca de ti mismo, de los demás, de la vida y del amor, en particular. Reconoce también los sentimientos de confianza que adquiriste, la impresión de dolor, pero, al mismo tiempo, la sensación de llevar tú las riendas de tu vida y no de que la vida decida por ti.

Un amor maduro se centra en el amor propio. Si este se deposita en el otro, el divorcio puede ser aún más doloroso, pues el proceso se enfocará en mostrar a la pareja que sí podía amarte y, al final, el trabajo falló. Querer curar esta herida prematuramente puede promover la búsqueda rápida de un nuevo amor, el cual puede confundirse, la mayoría de las veces, con sexo. Si el amor surge de un fuego que se mantiene prendido en tu interior, al que cuidas y haces crecer, la gente que se acerque a ti se beneficiará de ese calor.

No te recrimines por el pasado, jugaste con las cartas que en ese momento tenías y eso estuvo bien; seguro tu relación anterior respondió a una etapa particular de tu vida. Ahora el tema es crecer, evolucionar: toca realizar más jugadas con esas mismas cartas, que deseches las que no te sirven más y adquieras las que requerirás para próximas relaciones.

Lo que no se debe creer…

Como a nadie se le puede forzar para que crea,
a nadie se le puede forzar para que no crea.
SIGMUND FREUD

A lo largo de los años el concepto que tuviste del amor seguramente cambió con base en las experiencias que viviste. La mayoría de las personas, después de una ruptura o aún dentro de una relación, piensa que sabe lo que es el amor; el paso del tiempo y las experiencias vividas hacen que dichas creencias se pongan en duda. Probablemente tú, del mismo modo, empezaste a sentir inadecuada tu definición de amor; valdría la pena echarle un vistazo para entender qué influjo tuvo y tiene hoy en tu vida.

Las creencias que tengas acerca del amor pueden ayudar a expandirte o a limitarte. ¿Será tu manera de amar la que también te causó algunas tribulaciones? No descartes la posibilidad de que ideas estereotipadas de lo que es el amor y las relaciones amorosas choquen bruscamente con tu realidad, causándote frustración y sufrimiento.

El concepto del amor cambia dependiendo de factores de vida personal, pero también obedece a los cambios sociales a través del tiempo. Tal vez antes, cuando la gente vivía poco tiempo y las expectativas de realización personal y desarrollo se supeditaban a la sobrevivencia, a la producción y a la reproducción, las relaciones amorosas cumplían su cometido: tener hijos, sacar adelante a la familia, crear un negocio, acompañarse el tiempo de vida que quedara de más, etcétera. Pero hoy la pareja tiene otras funciones y se espera mayor satisfacción personal. La longevidad pone nuevos retos, deseos e intereses; sin embargo, algunos conceptos rígidos prevalecieron y se aplican sin mayor cuestionamiento.

Revisemos algunos:

- *El amor es servicio.* Es hacer algo por alguien. La base del amor se centra en uno mismo y, dependiendo de cómo te amas, podrás amar a los demás.
- *El amor es eterno.* Se basa en la premisa de que "si el amor es verdadero, no se acabará nunca". Las personas que se casaron mediante el rito católico habrán oído esta afirmación. Y si el matrimonio no va bien, la opción es clara: sufrimiento y aguantar.
- *El amor es condicional.* No hay amor incondicional, si acaso el de la madre y el bebé, los primeros días de su vida, y eso no en todos los casos.
- *El amor está en tu media naranja.* Se cree, a veces, que uno ha de elegir la pareja que tenía predestinada, la que le encaja y que, por lo tanto, fue la única buena elección posible. Pero ¿qué pasa si la media naranja vive en China?, ¿cuál es la opción?, ¿la soltería? Uno puede tener una buena relación

amorosa con muchas personas, habrá que elegir una entre varias.

- *El amor te completa.* Se piensa que debemos encontrar una persona que sea complemento en lo que falta, como si fuéramos seres incompletos. Decir "te amo" equivaldría entonces a decir: "Por favor, quiéreme y hazme sentir tu amor, que me complementa".
- *El amor es un sentimiento.* Los sentimientos son gratos y complementan el intercambio amoroso, dan razón de la experiencia que se está viviendo, muestran que la relación satisface algunas necesidades. Pero el amor es más que eso: también es razón, es voluntad.
- *El amor se da en el matrimonio.* También se piensa que el amor debe conducir a la unión estable de la pareja y constituirse en la base del matrimonio. Debe, según este prejuicio, estabilizarse en un modo institucional y en forma de convivencia familiar. Esta creencia omite el hecho de que el deseo por el otro se alimenta de cierta ausencia y de que no necesariamente la unión estable es el único camino para el amor.
- *El amor no existe sin enamoramiento.* La razón más aceptada para contraer matrimonio o formar pareja es estar enamorado. El enamoramiento es un estado "alterado de conciencia" dirigido no solo a la otra persona, sino a la imagen idealizada de ella. Una imagen en que se proyecta lo mejor de uno mismo generando una sensación de fusión. Cuando las diferencias caen por su propio peso viene la desilusión; el enamoramiento sale por la ventana y la relación, por la puerta. En el mejor de los casos, lo que ocurre es la construcción del verdadero amor. Por lo anterior, casarse o comprometerse enamorado es un error, uno tendría que

esperar que pase esta etapa idealizada para tomar una mejor decisión.

- *El amor es monógamo.* Se piensa que no es posible amar a dos personas simultáneamente porque el amor auténtico solo puede sentirse por una persona. Cuando la experiencia muestra que eso puede ocurrir, es descalificado e interpretado como signo de alteración mental o como prueba fehaciente de que quizás no se quiera a ninguna de las dos personas. Se espera que todos los deseos pasionales, románticos y eróticos se satisfagan exclusivamente con la propia pareja; es el prejuicio de la exclusividad. Hoy existen comportamientos que desafían la idea de amor total: nadie puede satisfacerte por completo: ser tu amigo, maestro, esposo, amante, compañero de juego, proveedor, enfermero, conversador, etcétera, es por eso que existen las dos posibilidades: poliamoría y amor exclusivo monogámico, que se complementa con familiares y amigos.

Las películas y canciones románticas populares expresan repetidamente estas ideas, recogen un cierto sentido común y, al mismo tiempo, nos venden este concepto acerca del amor: "jamás te dejaré", "no puedo estar sin ti", "eres todo para mí", "el que ama su vida la da", "el amor de mi vida has sido tú".

Al iniciar una relación es importante revisar qué peso tienen estas creencias acerca del amor en ti; te servirá saber que pueden ser válidas en ciertos momentos de tu vida, que de hecho son facetas del amor que probablemente experimentarás, pero que no agotarán tu vivencia amorosa. Del mismo modo es importante reconocer tu propio estilo de amar, la historia que te cuentas de lo que es el amor, cuestionarla y decidir si aún es pertinente para ti. Te será de utilidad valorar si la persona que te atrae también comparte, al menos, parte de esta historia; de lo contrario, el acoplamiento será particularmente difícil, sobre todo después de una ruptura amorosa.

Amores que matan

Aún no estoy preparado para perderte...
No estoy preparado para que me dejes solo.
Aún no estoy preparado para crecer
y aceptar que es natural,
para reconocer que todo
tiene un principio y tiene un final.
Aún no estoy preparado para no tenerte
y solo recordarte...
Aún no estoy preparado para no poder oírte
o no poder hablarte,
no estoy preparado para que no me abraces
y para no poder abrazarte.
Aún te necesito
y aún no estoy preparado para caminar
por el mundo preguntándome por qué.
No estoy preparado hoy ni nunca lo estaré.

PABLO NERUDA

El amor puede convertirse en algo tóxico cuando, basado en el miedo y la inseguridad, busca poseer al otro, controlarlo, sobreprotegerlo o comprarlo. Un tipo de amor así tiene efectos desastrosos en los amantes. A estos efectos les llamamos *los cuatro ingredientes tóxicos de las relaciones amorosas*:

1. *La rutina*, en la que la relación genera aburrimiento o aislamiento del que ya solo aspiras a escapar.
2. *La posesión*, que genera un mundo en el que una persona es objeto de uso y abuso de otra, lo que apenas le permite la autonomía que debe tener.
3. *La dependencia*, cuando la vida de uno solo puede transcurrir dentro de los límites marcados por el otro.
4. *La fusión*, que sitúa a los amantes en un mundo en el que la vida de ambos coincide por completo respecto de sus intereses, deseos y valores.

Amar suele ser una de las mayores aspiraciones de las personas, pero la dependencia es uno de los peores enemigos del amor. Buda decía que la otra cara del amor no es el odio sino el miedo. La cultura hizo público solo el lado positivo del amor; sin embargo, el amor conlleva, casi siempre, una alta dosis de ansiedad, desesperación, incertidumbre, desconsuelo y violencia: se puede matar por amor, morir por amor, pelear por amor y lastimar por amor, entre otras cosas. La codependencia amorosa impide establecer relaciones de pareja constructivas; la adicción afectiva muestra características similares a cualquier otra adicción, pero con ciertas peculiaridades.

Quien necesita desproporcionadamente el amor de su pareja prefiere sufrir su compañía que padecer la soledad. Por el contrario, quien no necesita ser "amado" por su pareja está en mejores condiciones de reconocer la dependencia y la violencia.

¿Puedes darte cuenta de que eres capaz de amar intensamente a una persona y conservar tu independencia? Esto hace crecer el vínculo. ¡Entregarte amorosamente no significa "borrarte" para perderte en el otro!

El amor dependiente, más que un acto de cariño desinteresado y generoso, es una forma de rendición guiada por el miedo. El fin es preservar al ser amado y evitar la ruptura, el abandono. Hay quienes llegan a despersonalizarse para conservar a su pareja, asumen la obediencia no cuestionada y se subordinan.

Podemos entender la dependencia afectiva como un apego amoroso exagerado, una obsesión desmedida por el ser amado. Una vez disparada la dinámica dependiente, es muy difícil detenerla. Son muchos los rasgos que caracterizan un amor de este tipo: necesidad afectiva constante, idealización de la pareja, mutua demanda incesante, celos patológicos, urgencia de completarse en el otro en vez de complementarse con la relación.

En este tipo de vínculos existe un alto nivel pasional y una sexualidad compulsiva, sin importar la calidad. La sensación de haber encontrado el "amor" y el miedo a perderlo guían la conducta. El deseo de estar unido genera zozobra y da paso a la inmensa ansiedad ante la ausencia del ser amado.

Atrapados en una cultura que favorece la fantasía del amor total, es fácil que llegues a pensar que las personas que se relacionan de manera equilibrada, pausada y respetuosa no se quieren ni se importan de verdad. Y es que comúnmente la madurez emocional se considera indiferencia, falta de sensibilidad y poco interés por la pareja. El amor dependiente, al igual que los celos, desgasta, enferma y destruye la relación amorosa.

El amor maduro promueve el afecto sin la opresión, pone distancia ante lo perjudicial y vuelve a acercarse con ternura cuando el contacto es oportuno y constructivo. Si amas de esta manera, podrás decir: "me gusta que estés a mi lado, pero si no estás, aunque te extrañe y me hagas falta, puedo estar sin ti".

Las características de la inmadurez emocional conllevan bajos umbrales al sufrimiento, poca tolerancia a la frustración, incapacidad para posponer la gratificación e intolerancia ante la incertidumbre. Cada una de ellas se manifiesta de diversas formas en los amores dependientes.

Aferrarse a que una relación dure para siempre requiere que ignores o pases por alto la complejidad, la contradicción y la ambivalencia del amor. Toda relación amorosa es un riesgo: el amor es al mismo tiempo atractivo y peligroso. Es poco previsible, confuso y difícil de domesticar. La incertidumbre forma parte de él; esto contradice la creencia milenaria de que "el amor todo lo puede y todo lo soporta". Amar codependientemente es afirmar a cualquier costo: "nunca nos dejaremos de querer", "hasta que la muerte nos separe". Sostener esas premisas puede hacerte mucho daño, sobre todo generar violencia en tu vida de pareja. Por eso es muy importante recordar que todas las relaciones amorosas cumplen un ciclo y se terminan, ya sea por una separación o bien por la muerte.

El temor al abandono puede llevarte a renunciar a una convivencia pacífica y tranquila. Esta encrucijada solo puede resolverse bien si aceptas la posibilidad de sufrir por la falta de ese amor que consideras tan imprescindible. Asumir ese reto, tomar consciencia de que los vínculos negativos te empobrecen y acaban con el amor, es el primer paso que debes dar. Las buenas relaciones son para disfrutarlas; las malas, para terminarlas.

Si logras esto serás capaz de evitar sufrimientos innecesarios, aprender del fracaso y enriquecer tu vida afectiva mediante el abandono de las relaciones que empobrecen o violentan.

El trabajo hacia la autonomía, el autoconcepto y la autosuficiencia es tarea central para tu madurez emocional. Atreverte a explorar nuevas posibilidades de vida y asumir riesgos responsables, te ayudará a tolerar el dolor y la frustración. Salir de tu zona de confort posibilitará que el miedo que experimentas sea remplazado por la sorpresa, la novedad y el asombro.

Querer algo con todas tus fuerzas no es malo; convertirlo en imprescindible, sí. La persona apegada nunca está preparada para la pérdida porque no concibe la vida sin su fuente de seguridad y placer. Como ves, lo que define el apego no es tanto el deseo del otro como la incapacidad de renunciar a él. Una regla sencilla para saber si lo que sientes es amor o apego es que, si hay síndrome de abstinencia, hay apego. ¡Cuidado! Quizás es momento de pedir ayuda. No dejes crecer algo que te envuelve sin sentir que tienes manejo de la situación. El deseo mueve al mundo, pero la dependencia y el apego, lo frenan.

El desapego no siempre es indiferencia

Cuando uno se enamora las cuadrillas
del tiempo hacen escala en el olvido,
la desdicha se llena de milagros,
el miedo se convierte en osadía

y la muerte no sale de su cueva;
enamorarse es un presagio gratis,
una ventana abierta al árbol nuevo,
una proeza de los sentimientos,
una bonanza casi insoportable
y un ejercicio contra el infortunio;
por el contrario, desenamorarse
es ver el cuerpo como es y no
como la otra mirada lo inventaba,
es regresar más pobre al viejo enigma
y dar con la tristeza en el espejo.

MARIO BENEDETTI

El desapego no es desamor, sino una manera sana de relacionarse cuyas premisas son la independencia, la no posesividad y la no adicción. Si alcanzas un manejo desapegado de tus vínculos amorosos, serás capaz de controlar tu temor al abandono; además, no considerarás necesario destruir tu propia identidad en nombre del amor, pero tampoco promocionarás el egocentrismo y la deshonestidad. Desapegarse no implica salir corriendo a buscar un sustituto afectivo o sumergirte en la soledad. Una cosa es defender el lazo afectivo y otra muy distinta ahorcarte con él.

El amor es siempre incompleto, el amor total es imposible. El amor adulto, de algún modo, siempre deja insatisfacciones. Por otro lado, se puede amar de manera infantil, queriendo certezas y seguridad total. Pero ¿de dónde viene la necesidad de un amor sin dudas? Al nacer, nadie recibe un amor incondicional, pero hay quienes vivieron con sus padres vínculos tempranos más inseguros y ansiosos, por lo que crecen temiendo y dudando de las relaciones afectivas.

El amor que recibiste fue de tal o cual modo no porque no hubiera cariño, sino porque eso era lo que tus padres sabían y podían dar. El problema es que, de niño, pudiste haberlo interpretado como ausencia de amor por falta de merecimiento. Por lo tanto, creíste que tenías que merecer y ganar el amor de los demás mediante una serie de estrategias para que te miraran y te quisieran. Aunque, en realidad, para ser amado solo necesitas ser auténticamente tú. Un amor adulto se centra en un sano amor propio. El sano amor propio, a fin de cuentas, es aceptarte como eres y decir "reconozco quién soy, me apruebo". Esta aceptación te permite crecer, cambiar, moverte de lugar... La falta de aceptación impedirá tu transformación personal. Amarte a ti mismo no es una actitud egoísta: es un amor autocentrado pero no egocéntrico. Es importante mostrarte más compasivo y amoroso contigo mismo.

Observa este caso: Nancy fue maltratada de niña. Era una "niña difícil", por lo que se le señaló de forma permanente como inadecuada y necia. Para sus padres casi todo lo hacía mal. La castigaban y regañaban siempre. Se formaba un círculo negativo: al sentirse rechazada, se comportaba mal (berrinchuda, dirían sus papás) y esto provocaba más rechazo de parte de los adultos y otros niños. Conforme fue creciendo, pasó de los regaños y los castigos a las críticas por su carácter y de algún modo, entre metafórico y real, fue "maldecida" por su madre, que le dijo que no se merecía ser querida, que nadie la iba a querer.

En sus esfuerzos por demostrar que "sí merecía ser querida" fue aferrándose a relaciones en las que no se permitía la posibilidad de romper, porque esto demostraría que su mamá tenía razón, así que presionaba, peleaba, rogaba, insultaba, chantajeaba y hacía todo para evitarlo. Esta conducta atraía lo contrario: rompía sus relaciones y, peor aún, se sentía abandonada. Ella estaba dispuesta, finalmente, a aceptar lo que fuera con tal de no separarse.

En terapia aprendió que tener una pareja no te "califica", no es cuestión de merecimiento, sino de intercambio equitativo. Esto hizo que en sus siguientes relaciones evitara aferrarse a como diera lugar para evitar el rompimiento. De este modo, logró relaciones más maduras y sin violencia. ¿Qué opinas?

De qué está hecho el amor

Los amores son como los imperios:
Cuando desaparece la idea sobre la que fueron
construidos,estos también desaparecen.
MILAN KUNDERA

Como antes dijimos, el amor se asemeja a un diamante de múltiples facetas: puede verse desde diversas perspectivas. Por eso el amor se construye con ingredientes que varían dependiendo de las personas, de las etapas de la vida y de los contextos sociales. A lo largo de nuestra práctica profesional y de nuestra experiencia personal, observamos que las relaciones amorosas con un grado suficiente de satisfacción constan de cuatro ingredientes que las personas definen con diversos nombres, pero que nosotros llamaremos: atracción, intimidad, pasión y compromiso.

La atracción es la parte *química* del amor. Se refiere al deseo físico y sexual que se experimenta por otra persona.

Tiene que ver con el olfato y la vista, y no con el oído, el gusto o el tacto. En general, los hombres le dan mayor valor a la vista; las mujeres privilegian el olfato.

La *intimidad* promueve el acercamiento, el vínculo, la complicidad y la conexión. Algunos de sus elementos son la comunicación íntima, el deseo de promover el bienestar, el sentimiento de felicidad junto a la persona amada, contar con la persona amada en momentos de necesidad, el respeto, el entendimiento, el deseo de entregarse, la recepción y el apoyo emocional y la valoración de la persona. La intimidad se experimenta cuando uno da y recibe una cantidad suficiente de estos elementos. Podríamos decir que la intimidad se refiere a la amistad y agrado que se siente por la persona amada y que incluye el cuidado del otro, la confianza, el respeto, la seguridad, la generosidad, la lealtad, la reciprocidad, la comprensión, la comunicación y el gusto por estar juntos.

Si quieres saber cómo es el otro, debes mostrarle cómo eres tú mismo. A veces esto se da con más facilidad entre amigos del mismo sexo que en relaciones amorosas; ¿será que sentimos que en el segundo caso podríamos perder más? La intimidad, sin embargo, es un fundamento del amor, se desarrolla lentamente y es difícil de lograr. Muchas personas, además, se sienten amenazadas cuando empiezan a percibir que la intimidad les resta libertad. El reto es lograr una conexión íntima, una cercanía física y emocional con esa persona, sin perder la capacidad de ser uno mismo.

La *pasión* es un intenso deseo de unión con el otro. Es, en gran medida, la expresión de deseos y necesidades como entrega, pertenencia, motivación y placer sexual. La pasión puede despertar la intimidad entre los amantes. Si bien es el elemento que más trabajo cuesta conservar a través del tiempo, su peso en una sociedad como la nuestra, que espera dosis importantes de satisfacción personal, es intenso.

Sabemos que no puede sostenerse el mismo grado de pasión con el avance de la relación; sin embargo, trabajar por conservar la dosis adecuada de enamoramiento facilita que el deseo fluya entre los amantes.

El último ingrediente, pero esencial, es el *compromiso.* Este posee un aspecto corto y otro a largo plazo. El de corto plazo es la decisión de amar a la persona; el de largo plazo, la decisión de mantener ese amor. Estos dos componentes no necesariamente se dan de forma simultánea: la decisión de amar no implica necesariamente un compromiso por ese amor, para comprometerse se necesita el largo plazo.

El compromiso del amor interactúa con la intimidad y la pasión. Para la mayoría, este componente resulta de la combinación de la relación íntima y la decisión de amar. El amor puede comenzar así, como una decisión.

Solo es posible conservar el compromiso cultivando la intimidad y la pasión, actualizándolas, porque las personas cambian, necesariamente, a través del tiempo, y lo que ayer funcionó para que la pareja se entendiera y se comprometiera hoy o mañana podría no hacerlo. Por otro lado, el compromiso también es el pegamento que funciona en etapas de aridez, cuando la fuerza de voluntad y el recuerdo de lo que se tuvo y se puede recuperar permiten sostener el vínculo y atravesar los periodos inevitables de crisis.

Entre el amor y el matrimonio

Donde hay matrimonio sin amor,
habrá amor sin matrimonio.
BENJAMIN FRANKLIN

El matrimonio se creó en una época en la que no había antibióticos; la gente vivía poco y las relaciones duraban cuando mucho 20 años. La pareja se dedicaba más a la crianza de los hijos que a ella misma y eso en el mejor de los casos, pues muchas mujeres morían al dar a luz. Los cónyuges solían vivir en casa de la familia extensa, no existía la familia nuclear como la conocemos hoy; rodeados de abuelos, tios, primos, cuñados, suegros, la vida se tejía entre diversidad de vínculos familiares. Esta variedad de redes, el trabajo y algunos problemas impedían el aburrimiento. Las personas poseían menos expectativas de satisfacción personal y había mayor capacidad para tolerar la frustración y posponer la gratificación. Lo familiar y grupal estaba por encima de lo individual. En algunas pequeñas poblaciones y barrios populares de las grandes ciudades esto sigue sucediendo.

El sistema patriarcal y machista dominaba con más fuerza las relaciones de pareja: la mujer obedecía y el hombre mandaba, lo que hacía las relaciones muy injustas para las mujeres. Hoy, si bien seguimos enmarcados en un sistema patriarcal, no sucede esto con esa intensidad; las mujeres, en la actualidad, trabajan y exigen los mismos derechos que los hombres, no quieren seguir bajo su control. Por otro lado, el tiempo libre, los medios de comunicación y el transporte nos ofrecen realidades variadas y atractivas.

Sorprende que a pesar de los altos índices de divorcio, infelicidad, violencia doméstica e infidelidad la aspiración de tantas relaciones amorosas sea terminar en matrimonio. Las personas que se aman suelen casarse, por eso parece necesario comprender la relación entre la realidad amorosa y la institución matrimonial. El amor y el matrimonio pertenecen a lógicas distintas: el primero es una relación y, por lo tanto, pertenece a una lógica basada en la libertad, el cambio, la novedad, la igualdad, el intercambio de identidades, lo oculto, lo privado, el erotismo y la trasgresión. El matrimonio pertenece a una lógica social; es una institución y, como tal, está sometida a derechos y deberes, está basado en la certidumbre, las estructuras, lo legal y lo rutinario. El amor pide lo nuevo, lo privado, lo pasional, lo único; el matrimonio busca lo social, lo estable, lo público, lo regulado, lo conservador. Partiendo de esa base podemos entender que el amor y el matrimonio requieren condiciones diferentes para existir.

El amor no puede ser conservador; necesita la distancia, cierto ocultamiento. Entonces, al insertarlo en una institución, acaba ganando la lógica más poderosa: generalmente la de la institución. Sí, la institución ahoga el amor. Por eso es tan común que los miembros de la pareja se cuestionen cómo es que si iniciaron una relación con alguien que les generaba tanta pasión, deseo e ilusión, el tiempo fue desvaneciéndolo todo. Eso resulta casi inevitable si buscamos echar raíces sólidas para erigir una familia: pareciera que lo doméstico es incompatible con lo erótico-amoroso y esta paradoja no se resolvió del todo. Algunos matrimonios logran un equilibrio entre ambas necesidades, pero son los menos; pareciera que la salida a este paradigma es uno de los mayores retos de nuestra sociedad.

Los cónyuges reconocen pocas veces el mecanismo institucional en el que se encuentran y las consecuencias de dejarse atrapar por el orden social. De este modo es fácil convencerse de que sus problemas maritales se deben a una disfunción interna, a la falta de amor o a la presencia de un tercero. La pareja se siente entonces defectuosa, fracasada, injusta o enferma: aparecen las reclamaciones y la culpabilización hacia sí mismo o hacia el cónyuge, lo que los lleva a caer en un círculo de exigencias, demandas, reclamos, celos y, con frecuencia, violencia.

Llegados a ese punto, la pareja, convertida en institución esclavizante, se enfrenta al mundo social desde dos posiciones extremas, ambas destructivas: se hace muy permeable al influjo externo, introduciendo un exceso de amigos, familia, etcétera, o bien se encierra en sí misma, exigiendo que el otro satisfaga todas sus necesidades. En ambos casos lo que se pierde es el amor, ya que la verdadera satisfacción de los amantes se da a través de la riqueza de su relación al margen del mundo. Cuando el amor está vivo, la relación de pareja tiene para ellos más importancia que lo social; esto se deja ver a la hora de dedicar tiempo, energía y motivación a algo más doméstico, convencional o productivo.

Para entender el desvanecimiento de la pasión, hay que considerar también otro aspecto: el deseo. Lo que mueve a la persona para estar junto a otra es el deseo. Este crece en la distancia: cuando consigo lo que deseo, dejo de desearlo porque solo se desea lo que no se tiene; así funciona su lógica. Es contradictorio afirmar que el deseo crece en la ausencia, mientras que el amor conyugal necesita la presencia. ¿Cómo superar esta contradicción?

Un amor suficientemente bueno

El requisito del amor duradero
es seguir prestando atención a una persona
que ya conocemos bien.
Prestar atención es, fundamentalmente,
todo lo contrario de dar por
sentado; dar por sentado
es la causa principal de mortalidad
de las relaciones amorosas.
SAM KEEN

Quizás a estas alturas del partido no necesitas un gran amor sino un buen amor. Pero ¿cómo reconoces si ya tienes las condiciones para construirlo? Intentaremos darte algunos lineamientos que te faciliten esta respuesta.

Primero insistiremos en que no puedes brincarte el escalón del autoconocimiento: reflexionar quién eres, qué necesitas, qué puedes y qué no; reconocer por dónde andan tus deseos, intereses y valores. Si te conoces y llevas una buena relación contigo mismo, incrementas las posibilidades de construir un buen amor. Si aprendes a amarte superando desamores pasados, incluso de la propia infancia, allanas el camino del encuentro amoroso.

En segundo término, has de considerar que es imposible conocer del todo al otro, que si bien el tiempo y la convivencia te revelan mucho de quién es tu pareja, esta siempre será un enigma inagotable. Por eso el hecho de que tanto tú como tu amante sean dos sujetos únicos, irrepetibles, intransferibles, abre las puertas para crecer mediante la presencia y el acompañamiento del otro. Pretender que conoces todo del otro no solo es un autoengaño, sino imposibilita la curiosidad que requiere el descubrimiento amoroso del día con día y lleva a los amantes a considerar que no hay nada más por explorar. Recuerda: tu pareja es un misterio.

El movimiento que hace andar los mundos está hecho del juego de las diferencias, sus atracciones y sus repulsiones. Vida es pluralidad. Muerte es uniformidad.
Octavio Paz

Para continuar, la construcción de un buen amor requiere que analices esta frase de Compte-Sponville: "Te quiero como eres. Tal vez no respondes a lo que yo esperaba, pero prefiero tu realidad a mis sueños". La aceptación de las diferencias con tu pareja te permitirá ser explorador activo del amor que se tienen. Te sentirás liberado de la tentación de cambiar al otro y de que el otro quiera que cambies lo que quieres conservar.

Revisa este caso: cuando Anita contaba que se iba a casar, presumía de tener el novio ideal, con el que coincidía en todo. Unos años después apareció una crisis. Anita fue a terapia y decía que el problema era de "comunicación", que no se entendían porque pensaban muy diferente y su ideal era, según dijo cuando fue a terapia, cómo hacerle para convencerlo de que pensara como ella, que "volviera" a ese estado ideal de "coincidencia". Finalmente trabajó para entender que no fue un problema de cambio sino de tiempo. Las dos caras de la misma moneda: el mito de que pensar igual es igual a quererse. Una buena pareja no tiene que coincidir en todo sino aceptar las diferencias y vivirlas como parte del enriquecimiento.

Otro aspecto central es que el buen amor requiere tiempo. Trasformar el enamoramiento o la pasión en amor requiere aprender a esperar: la pasión se enciende en el acto si hay combustible, pero se apaga una vez que aquel se agota. Los fuegos que perduran no son llamas sino brasas. Esta condición hace posible sembrar, germinar y cosechar actitudes y sentimientos, recuerdos y proyectos.

El amor suficientemente bueno es también responsable. La responsabilidad es la capacidad de responder, conocer y aceptar las consecuencias de los propios actos. Es imposible hacerte responsable de la satisfacción de tu pareja pues tampoco ella puede hacerse cargo de ti; el sufrimiento surge de esa esperanza. Si eres responsable te asumes a ti mismo por completo, con tus carencias y limitaciones, lo que facilita que te hagas cargo de tus actos, de tus palabras y tus pensamientos, así como de responder por ellos. Del mismo modo, la responsabilidad te habilita para hacerte cargo de tu vida, así como de la participación y permanencia en un buen vínculo amoroso.

El amor que merece la pena se da entre iguales. La relación amorosa implica un intercambio de intereses, deseos y placeres, incluyendo lo erótico. La simetría en el tema del poder permite el cuestionamiento mutuo, la confrontación madura, la complementación esperada y, por lo tanto, el enriquecimiento de ambas partes.

Si sumas estas condiciones podrás lograr un amor suficientemente bueno, un buen amor. Sus efectos se dejarán sentir en la paz y tranquilidad que experimentes en su compañía: los amores si bien no son fáciles, sí han de facilitar la vida. También percibirás que el vínculo amoroso te abrirá puertas: surgen en el intercambio ideas, pensamientos y prácticas nuevas en los proyectos vitales de ambos amantes; las opciones de vida aumentan, un amor que limita y constriñe no es amor. Un buen amor habita en la ternura: transforma la agresión que todo ser humano tiene en muestras dulces de cariño y atención. Por último, el amor suficientemente bueno te aportará madurez, al tiempo que genera motivación y placer.

Pero no olvides, formar una relación amorosa no es el fin de tu recorrido amoroso: el encuentro es el inicio de un trayecto de descubrimiento, consolidación y transformación. La relación puede durar toda la vida, pero también puede cumplir un cometido y terminar. Dijimos que las relaciones amorosas siempre terminan: bien por separación o bien por la muerte; por eso es inevitable sustraer al amor cierta dosis de incertidumbre y de riesgo. El amor vive en el presente, se alimenta del pasado y mira hacia el futuro, ¡y es que el ser humano está hecho de tiempo! Por esto es inevitable la necesidad de comprender y aceptar, aun con dolor, que el amor es eterno mientras dura…

IDEAS PARA VALORAR MI AVANCE

Responde estas preguntas:

1. ¿Cómo describirías hoy el amor?
2. ¿Cuáles fueron tus prioridades en relación con el amor?
3. ¿Te sientes satisfecho con tu definición de amor o quieres cambiarla?

4. ¿Cuál era tu definición de amor antes de separarte?
5. ¿Descubres algún prejuicio que no te sirvió durante tu vida de pareja?
6. ¿Te sientes *querible*?
7. ¿Tienes miedo de ser amado?
8. ¿Tienes miedo de amar a otro?
9. ¿Cuál es tu concepto del amor?
10. ¿Llevas un estilo de vida congruente con tu definición de amor?
11. ¿Te sientes a gusto satisfaciendo tus necesidades sin sentirte egoísta?
12. ¿Estás dispuesto a correr el riesgo de no controlar, no dominar, no poseer y aprender a perder?
13. ¿Cómo es la experiencia de amar sin apegos?
14. ¿Tienes la capacidad de aceptar el amor de otros?
15. ¿Tienes la capacidad de expresar amor a los demás en forma que los hagas sentirse queridos?
16. ¿Puedes amarte a ti mismo?
17. ¿Qué elementos te parecen importantes para un buen amor?
18. ¿Experimentaste un crecimiento personal a partir de que estás enamorado?
19. ¿Estás tratando de transformar tus rasgos inmaduros, necesitados, dependientes a un estilo amoroso más maduro?

CAPÍTULO 7

¿Dónde quedó el sexo?...

El amor es la respuesta,
pero mientras usted lo espera,
el sexo le plantea unas cuantas preguntas.
WOODY ALLEN

Con gusto y susto

Todos esperan el tema de la sexualidad con expectación a lo largo de su proceso postdivorcio. Quizás te brincaste algunos capítulos por llegar aquí, y es que el erotismo y el sexo siempre son asuntos que nos conmocionan, no solo por la intensidad de sus efectos corporales sino por su capacidad de generar vínculos con quien lo practiques.

A veces el comportamiento sexual de los separados y de los divorciados genera juicios y denota prejuicios. ¿Cuál era tu actitud ante las conductas de los solteros cuando estabas casado? ¿Pensabas que eran atletas sexuales de quienes se acostumbraba a hacer rumores? ¿Fantaseabas pensando que sería divertido tener la posibilidad de salir con personas interesantes y atractivas? El contraste entre tu fantasía de la vida "loca" y salvaje del soltero y lo que realmente se vive al estar en esta situación tal vez aumenta frustración al tema de tu divorcio.

No siempre es fácil salir de una relación de pareja e iniciar encuentros sexuales con otras personas, más aún si llevas mucho tiempo "fuera de circulación". Quizás incluso no sabes exactamente qué quieres de estos acercamientos puesto que tus propios prejuicios se mezclan con tus auténticos deseos y valores.

Es probable que los primeros acercamientos con alguien del sexo contrario te hagan sentir como un adolescente desubicado en su primera cita. Esto te puede llevar a cuestionar cuál es la conducta oportuna de un adulto que no ha estado en esto durante años. Llegado a este punto de tu proceso puede ser que esa envidia que sentías antaño por la libertad de los solteros se trasforme, por un lado, en cierto temor y, por el otro, en un deseo de seguridad dentro de un matrimonio.

Algunas de las preguntas que realizan los separados y que reflejan estas inquietudes son las siguientes:

- ¿Qué encuentras atractivo y deseable en el sexo opuesto?
- ¿A qué le llamas "hay que salir"?
- ¿Cómo le digo a la persona con quien estoy saliendo que no quiero algo muy formal, aunque tengamos buena vida sexual?
- ¿Por qué a los hombres solo les interesa el sexo?
- ¿Qué piensan los hombres de las mujeres que tienen sexo desde el principio de la relación?
- ¿Cómo te sientes si tienes más de una relación con vida sexual al mismo tiempo?
- ¿Por qué los hombres no vuelven a hablar después de haber tenido relaciones sexuales?
- ¿Por qué las mujeres fingen orgasmos?
- Si no quiero tener sexo pues la relación no es muy formal, ¿habrá quien quiera salir conmigo?

Muchas de estas preguntas y de tantas otras dudas en cuanto a la vida sexual tras un rompimiento tienen que ver, además del desconocimiento de la nueva etapa, con los recientes cambios de roles de género debido a los acelerados cambios sociales. Los efectos presentes de las pasadas revolución sexual, feminismo, caída lenta pero inevitable del patriarcado, hacen que la adaptación a los nuevos comportamientos sexuales y amorosos sean difíciles tanto para hombres como para mujeres.

Es interesante observar, como efectos de esos cambios, que en el tema de las relaciones amorosas a la mayoría de los separados les interesa hablar si son mujeres de sexo y si son hombres del amor. Esto rompe el estereotipo de hombre sexuado y mujer amorosa. Cada vez más mujeres se sienten cómodas hablando de sexo. La apertura es saludable y es un medio para entender y desarrollar nuestros sentimientos sexuales al igual que lo hacemos con otras emociones humanas.

Otro gran problema es el tema de las reglas: te puedes sentir como un adolescente que no sabe bien cómo manejarse. Hay mayor permisividad y lo importante es que encuentres lo que te haga sentir bien contigo mismo mientras cuidas las necesidades de los demás. Encontrar tu propio y único estilo es más difícil que seguir las normas establecidas.

Otro tema que genera desafío es que hoy las mujeres toman la iniciativa mucho más que antes, incluso iniciativas sexuales, lo que puede desconcertar tanto a hombres como a mujeres. ¿Qué sienten los hombres si la mujer toma la iniciativa? A veces se sienten liberados pues no tienen que lidiar con el temor a ser rechazados. Algunos se sienten amenazados ante la asertividad femenina; aparentemente, a los hombres más intelectuales les gusta que las mujeres inicien y a los más emocionales, no.

Los hombres se encuentran en una situación imprevista e indeseable porque a nadie le gusta renunciar a un modelo que le benefició, aunque los nuevos paradigmas anuncien relaciones más integras y plenas. Las mujeres, por el contrario, ganaron seguridad. Esto explica el desencuentro sexual y emocional entre ambos sexos. En dos generaciones pasamos del modelo subordinado al modelo simétrico. Del hombre activo y la mujer pasiva a la libre interacción entre dos personas que se eligen recíprocamente para satisfacer sus necesidades afectivas y sexuales.

Pasamos de modelos románticos tradicionales en películas como "Sabrina" (1954), "El guardaespaldas" (1992) y la versión moderna de la Cenicienta, "Mujer bonita" (1990), en los que la mujer aparece como subordinada, educada y protegida por un hombre, que por lo tanto es más fuerte y más educado que ella, a películas como "Realmente amor" (2003) y "Closer: llevados por el deseo" (2004), en las que se muestra justamente una pluralidad de posibilidades del amor y de lo sexual, en la iniciativa, en los atributos femeninos/masculinos, ya no tan diferenciados, y en la labilidad de las relaciones. Y los cambios, cuando son tan radicales, dejan muchos cadáveres en el camino.

En este caso el gran sacrificado, el gran perdedor, fue el mito del hombre-macho, entendiendo por tal al hombre que mide su capacidad sexual por el número de erecciones y coitos que puede mantener independientemente de que estos puedan ser placenteros para su pareja. Porque una cosa es disfrutar con la pareja que disfrutar en pareja, no es tan fácil gozar haciendo gozar.

Las mujeres protestan y reclaman un trato igualitario, aunque siguen pagando las consecuencias de un sexismo menos rígido pero aún generalizado. El hombre avanza, pero muy lentamente. Cuesta trabajo desafiar la premisa que afirma que "el hombre cuanto más promiscuo es más hombre y la mujer mientras más promiscua es más golfa". Aún se condona en el hombre lo que en la mujer se condena.

Las mujeres también están confundidas, algunas dicen que les gustaría invitar a los hombres a salir pero que las invade la vieja moralidad. La mayoría de las mujeres vive un doble proceso de adaptación: a ser solteras y a encontrar su identidad de mujeres; pareciera que los roles de madre, hija, esposa les hubieran evitado esta confrontación. Con esto se derivan muchos temas: algunas mujeres les gusta pagar sus cuentas pues se sienten liberadas de tener que retribuir, incluso sexualmente. Otras, incluso, les dicen piropos subidos de tono a los hombres, así llegan al punto de desarrollar una conducta "masculina", de llevárselos a la cama y luego pararse, vestirse y retirarse. Al final aparece una mayor equidad entre los sexos, que les permite ser ellos mismos. Sin duda esto produce cierta incertidumbre y confusión.

Los comportamientos sexuales y las decisiones tomadas en esta área de la vida son profundamente individuales. Cada uno debe tomar su propio camino dependiendo de sus valores y principios personales, los cuales dirigirán su camino. El reto en esta área no es solo avanzar sino primero descubrir qué es adecuado, constructivo, deseado y oportuno para ti. Las miradas acerca de la sexualidad varían no solo por creencias y valores personales sino por el avance mismo en el proceso de duelo y separación. Además, cabe agregar que el tema de la sexualidad puede tener infinidad de mitos, creencias y prejuicios. Algunas personas pagan precios emocionales muy altos porque experimentaron con conductas que no eran compatibles con su forma de ser, sus principios y sus valores.

Se observan en general algunas etapas en el proceso de crecimiento sexual durante la soltería: primero, cuando estás en un profundo duelo, hay cierta falta de interés en la sexualidad o quizás una total inhabilidad para desempeñarte. Las mujeres generalmente se muestran totalmente desinteresadas mientras que los hombres con frecuencia transitan una etapa de impotencia. Esto puede generar mayor miedo y dolor al proceso, por lo que debes tomar en cuenta que es perfectamente normal.

Pasado el tiempo te puedes ir al extremo contrario y estar absolutamente desenfrenado, quizás como pocas veces en tu vida. Esto también puede asustarte porque te sientes incapaz de controlar tus deseos sexuales. En esta etapa pareciera que quieres probar que estás bien sexual y personalmente. Tu conducta puede llegar a ser compulsiva dado que quieres, por medio del sexo, resolver otras etapas del proceso: sobrepasar la soledad, sentirte *querible* de nuevo, mejorar tu autoconcepto, trabajar tu enojo y desarrollar amistades. Recuerda que no puedes concentrar todo esto en tu impulso sexual pues los resultados serán más de evasión que de avance y resolución.

Cuando el deseo sexual crece de manera abrupta pareciera que tu cuerpo quiere sanar mediante las expresiones sexuales únicamente. Es importante reconocer esto para distinguir qué parte del impulso compulsivo tiene que ver con otras áreas de tu crecimiento y requieren trabajarse directamente. Este trabajo dimensionará en su justa medida el impulso sexual.

La gran necesidad de ser físicamente tocado puede confundirse con ser sexualmente abordado y ambas cosas son diferentes. Tal vez la fama que tienen los divorciados de ser "muy sexuales" es resultado de esta etapa. El impulso sexual es muy fuerte y por eso muchas personas que atraviesan el divorcio tienen relaciones sexuales de manera promiscua.

Si avanzas en tu trabajo personal tu deseo sexual regresará a la "normalidad". Si bien la sexualidad se manifiesta de manera diferente en cada persona, tú mismo te reconocerás en tu justa medida. La mayoría de las personas que experimenta extra baja de deseo o extremo impulso sexual siente descanso al regresar a la normalidad.

Parece mentira, pero aún acarreamos los efectos de una sociedad en la que el sexo era algo sucio y fue negado por tanto tiempo. Ahora, en el polo opuesto, con tanto énfasis en el tema, también parece haber perdido su encanto y su erotismo por exceso, como si se hubiera convertido en otro objeto de consumo que al poco tiempo deja de satisfacer. El erotismo es humano y es siempre un intercambio entre sujetos. Sea cual sea el nivel de compromiso de la relación deja un buen sabor de boca a diferencia del consumo sexual despersonalizado y compulsivo.

Algo bello de esta etapa del proceso es descubrir cómo quieres manejarte en esta área; pocas dimensiones de la vida fueron tan reprimidas como la sexual. Generalmente atravesar este desconcierto te permite llegar a un punto de libertad para elegir lo que quieres y no lo que debes. Descubriendo tu naturaleza sexual y manejándola constructivamente baja la tentación desesperada de realizar conductas sexuales compulsivas que te dejan vacío para adentrarte en encuentros sexuales humanos y quizás en alguna relación amorosa más comprometida. Con el tiempo y la madurez el sexo es más placentero y ocupa su justa dimensión.

La sexualidad puesta en perspectiva es una de las dimensiones que facilitan más la autoexpresión y demostrar amor y cuidado hacia otras personas. Si bien es un camino privilegiado de comunicación, de compartir y de encuentro, no es el único. Una moral sexual incluye la sexualidad como expresión de tu individualidad y unicidad y, al mismo tiempo, se preocupa por las necesidades y el bienestar de tu compañero sexual, es responsable, actualizada y humana sin que esto implique necesariamente una relación amorosa comprometida de larga duración, al menos al principio.

En síntesis, cada uno debe desarrollar su propia moral sexual con base en su propia personalidad, antecedentes, actitudes, experiencias y valores. Lograr este equilibrio en tus relaciones te ayudará, en futuras relaciones comprometidas, incluso en un nuevo matrimonio, a disfrutar más y a necesitar menos de relaciones extraconyugales.

Sexualidad y erotismo: de lo biológico a lo humano

De solo imaginarme que tu boca
pueda juntarse con la mía, siento
que una angustia secreta me sofoca
y en ansias de ternura me atormento...
El alma se me vuelve toda oído;
el cuerpo se me torna todo llama
y se me agita de amores encendido

mientras todo mi espíritu te llama.
Y después no comprendo, en la locura,
de este sueño de amor al que me entrego,
si es que corre en mis venas sangre pura
o si en vez de la sangre corre fuego...

Alicia Larde de Venturino

La sexualidad se refiere a las actividades y al placer que nace de nuestra genitalidad, de la biología. Si bien la sexualidad es común a los seres humanos y a los animales, la seducción, la sensualidad, el erotismo, el amor son exclusivamente humanos. Sin embargo, la sexualidad es la dimensión básica sobre la que se asienta lo demás.

Muchas veces, cuando hablas de sexualidad a lo que te refieres en realidad es al erotismo: la elaboración cultural del sexo, el conjunto de posibilidades que los seres humanos construimos acerca de la sexualidad. El sexo destinado a la reproducción es animal. El erotismo te lleva al placer, por eso es humano: el instinto se transforma en placer y el placer en erotismo. En una relación amorosa, en un encuentro sexual humano, el goce del erotismo es central.

El placer sexual es quizás el más fuerte de los placeres. Por eso crea los vínculos más fuertes. Si disfrutamos con alguien el erotismo, trataremos de repetirlo una y otra vez. ¿Notaste que el sexo vincula? Cuando la experiencia del placer es mutua, puede llegar a un vínculo duradero. Esta unión nos lleva al apego, a la intimidad e incluso, al amor; el amor, a diferencia del sexo, tiene componentes espirituales y eróticos.

Alguien nos llama la atención y buscamos un encuentro porque nos gusta su cuerpo, su atractivo sexual, sus actitudes o su intelecto. Lo anterior hace que se genere un deseo, que a su vez lleva a la interacción, al acercamiento y al compromiso con la vida del otro y, con el tiempo, a tener relaciones sexuales. Si el deseo aumenta, poco a poco se cristalizará una relación. En ocasiones las cosas son al revés: primero se da lo erótico y luego la interacción para el conocimiento mutuo. Esto pasa con más frecuencia en las grandes ciudades.

Iniciar un vínculo desde lo erótico quizás ayudaría a ver la compatibilidad profunda del olor, de la intimidad, del despertarse con el otro, de la mezcla de fluidos, del placer erótico. En definitiva, se podría pensar en seguir progresando hacia un mayor conocimiento mutuo. Es muy difícil amar a alguien cuya piel, olor o sabor nos disguste. Podemos decir que existe una armonía, una *química* que a veces lleva a una persona a elegir el cuerpo del otro sobre el de cualquiera otro.

El deseo es parte del erotismo y es trascendente porque busca vincularnos con los objetos y personas que deseamos. La diferencia entre deseo y pasión es que la última es hacia adentro, hacia nosotros mismos: podemos tener pasión por los deportes, coleccionar objetos, juegos, etcétera. Son pasiones internas, que no necesariamente crean vínculos.

El deseo sexual es la base del amor erótico, pero es frágil y caprichoso. Uno de los mayores problemas de la actualidad es la disminución del deseo. Pareciera que la excesiva proximidad de los amantes, la facilidad para tener relaciones sexuales y la interacción constante puede llevarnos a la desaparición del deseo y al declive de la relación erótica y amorosa. El deseo vive en la escasez, en el anhelo, en desafiar, en la transgresión y en la independencia; por lo tanto, es necesaria cierta distancia entre las personas. El amor de pareja necesita el deseo.

Lo erótico tiene algo de indomable, de animal, por eso genera cierto pudor y vergüenza su exhibición. Pero ¿negarlo por esa razón? Lo animal también existe, de hecho excluirlo y hacer de la práctica erótica algo demasiado suave, cultural o dulce la hace poco atractiva y pasional.

El erotismo conmueve nuestra corporalidad. Nos pide que desarrollemos nuestra capacidad de vivir la vulnerabilidad y la intimidad. Ser vulnerable, íntimo, develarte, arriesgarte, jugártela por el otro, es algo que nos confronta y nos atemoriza. De hecho, es el mayor problema con el que nos encontraremos en las relaciones amorosas; por ejemplo, cuando decimos o pensamos que puede haber relaciones eróticas sin involucrarte emocionalmente, quizás con la excepción de la relación sexual en un día de fiesta o cuando decimos de una relación erótica "fue solo sexo" queriendo decir que fue poco satisfactoria. En toda relación erótica se crea un vínculo, de la misma manera que toda relación amorosa genera erotismo. El sexo sin emociones no tiene cabida. Y cuando lo erótico se deshumaniza el hastío aparece rápidamente. Lo que ocurre es el consumo del sexo físico, genital, pensando que es erotismo o amor cuando no es así. Por eso muchas personas, al volver a la realidad después del sexo, se preguntan qué hacen ahí. Se pasa rápidamente de no conocerse a compartir cosas privadas e íntimas: dormir, el baño, el despertar, etcétera. Al final llega el resumen: tenemos mañanas raras, tristes, ansiosas, horribles, aburridas, pero también buenas, deliciosas, tiernas y, en ocasiones, maravillosas. Es una aventura, un volado. Eso también hace que resulte atractivo.

Una relación sexual vivida como algo no relacional, en la que el otro es un objeto de consumo, no es el inicio de un acto amoroso o de conocimiento, es solo placer rápido, legítimo y válido, pero limitado y con poco que ver con las relaciones eróticas. Por eso te proponemos vivir un erotismo amoroso, tierno, cariñoso, lujurioso, juguetón, divertido, fuerte, suave y con algunas perversiones blandas.

El erotismo surge del placer que nos proporciona la experiencia más placentera: el orgasmo. Pero más importante que el orgasmo es el hecho de que el erotismo tiene la capacidad de disolver nuestras características más rígidas. La práctica del erotismo se mantiene en la lujuria, que no es el placer que sentimos, sino la anticipación de ese placer, que invade el cuerpo y la mente cuando deseamos la actividad erótica. La lujuria es limitada pues se considera peligrosa, y es que tiene tal fuerza que nos lleva a desafiar el orden social. El placer que nos anticipa introduce acciones creativas generadoras de satisfacción profunda y, a la postre, libertad y desobediencia.

La sexualidad liberada de las necesidades de la reproducción produce un erotismo emancipador: reivindicar el placer sexual se convirtió en elemento clave de libertad y felicidad en nuestros tiempos. La desvinculación del sexo respecto de la reproducción fue tan novedoso que aún no vimos el final, ya que esta separación abre el camino para otras separaciones. Por ejemplo, el amor total, entendido como la fusión de amor, cariño, sexo, matrimonio, reproducción, familia y hogar.

Los números también cuentan

En el sexo como en la vida cuando los números hablan se acaban las discusiones.

Anónimo

¿Con qué frecuencia tienes relaciones sexuales? La media mundial se sitúa en 103 veces al año. Grecia es el país más activo sexualmente, con 138 relaciones anuales; México está en los primeros lugares y Japón en el último lugar, con 45 relaciones al año.

En 2005 hubo una encuesta mundial acerca de sexualidad que contó con la participación de más de 317 000 personas de 41 países. Los resultados arrojan que los mexicanos tienen más relaciones sexuales, se toman más tiempo para consumar la práctica y tienen mayor cantidad de orgasmos que el resto de las personas que habitan en otros países. El 63 % de mexicanos comentaron sentirse enteramente satisfechos con su práctica intima comparado con el promedio global que es de un 44 %. Los nigerianos llevan la delantera con un 67 %. En contraste, los japoneses cuentan con solo el 15 % de satisfacción y los franceses con el 25 %. La encuesta señala también que los mexicanos practican sexo en promedio 123 veces por año, muy por encima de la media global de 103 veces, y le dedican 22 minutos a cada sesión, comparado con el número total promedio de 18 minutos. Las personas de entre 35 y 44 años son los más activos sexualmente.

¿A qué edad tuviste la primera relación sexual? La media es de 17.3 años. Islandia está a la cabeza con 15.6 años. México está por arriba de la media con 16.5 años. La India es el país en el que más tarde se inician en el sexo con 19.8 años.

En el mundo el método anticonceptivo más popular es el preservativo, utilizado por más de la mitad de la población mundial (el 52 %), seguido de la píldora anticonceptiva (el 22 %). Un dato alarmante es que el 47 % de los encuestados admitieron haber mantenido sexo sin protección. Son los países europeos (Noruega, Grecia y Suecia) los que menos precauciones toman a la hora de mantener relaciones. Como consecuencia, el 13 % de las personas a escala mundial contrajo en alguna ocasión una enfermedad de transmisión sexual y el 9 % tuvo un embarazo no deseado antes de los 18 años.

Al menos el 63 % de los latinoamericanos fue infiel alguna vez. Los países que sobresalen por el mayor porcentaje de infidelidad son Ecuador y México (hasta un 68 % para ambos casos). Aunque el sadomasoquismo obtuvo preferencias de solo un 11.5 % a escala global en Latinoamérica, México posee un 13.4 % mientras que en intercambio de parejas registró un 10.9 %.

De los entrevistados, el 48 % suele mantener relaciones sexuales en la noche y el 39 % a cualquier hora. Específicamente para los mexicanos, el 50.4 % prefiere tener sexo en la noche, el 37.2 % a cualquier hora y el 4.2 % por la mañana. Las fuentes de información para los temas sexuales en México son por medio de libros, revistas y periódicos, con un 30 %.

Cuarenta por ciento de las latinas entrevistadas asegura tener orgasmos regularmente al mantener relaciones sexuales, siendo México el país que obtuvo mayor porcentaje de menciones en dicha categoría (el 45 %). De las mujeres entrevistadas, el 54 % declara haber simulado un orgasmo ante su pareja algunas veces.

Noventa y cuatro por ciento de la población mundial se masturba y el 39 % lo hace con frecuencia semanal. En cuanto a México, el 35 % dijo hacerlo semanalmente, el 18 % diariamente y el 11 % mensualmente. El sondeo refleja que el 56 % declara masturbarse aun cuando tiene relaciones sexuales regularmente. Treinta por ciento de los hombres declaró haber tenido, al menos alguna vez, problemas para mantener una erección. Al indagar acerca de la eyaculación rápida, el 53 % de los hombres manifestó haber presentado este problema por lo menos en una ocasión.

En cuanto a la información referente a adultos mayores, alrededor del 50 % de las personas mayores de 60 años son sexualmente activas, el 61 % de los hombres y el 37 % de las mujeres. Treinta y nueve de cada cien encuestados querían más actividad sexual. El 84 % de los varones y el 62 % de las mujeres de 57 a 64 años habían tenido contacto sexual con regularidad, cifra que se reducía al 38 y 17 % respectivamente cuando se trataba de personas mayores de 75.

De entre los adultos sexualmente activos, alrededor de dos terceras partes tenían sexo por lo menos dos veces al mes en sus setenta y más de la mitad continuaban con este ritmo a los ochenta, de acuerdo con la geriatra Patricia Bloom. Un estudio muestra que los hombres que tienen más de dos orgasmos por semana se hallan entre los grupos de menores tasas de mortalidad. El 40 % de los hombres entre 75 y 85 años mantienen relaciones sexuales mientras que el 20 % de las mujeres de esa misma edad permanecen sexualmente activas. El secreto para mantener un deseo sexual prolongado a lo largo de toda la vida radica en gozar de un buen estado de salud, ya que esta condición aumenta tanto el impulso como el placer sexual.

Se descubrió que buena parte de las mujeres y los hombres de 45 o más años de edad optan por llevar una vida sexual más atrevida, lo que a menudo significa experimentar con actividades asociadas con lo prohibido, como mantener un intercambio de mensajes o conversaciones eróticas con el cónyuge o pareja por vía telefónica o por medio de correos electrónicos. Por lo visto, a medida que se suman años no solo se encienden más velas en el pastel de cumpleaños, también se siguen encendiendo los corazones y los cuerpos de la mayoría de mujeres y hombres.

¿Cómo te resulta esta información? ¿La imaginabas así? Como puedes ver, después de divorciarte te quedan muchos años de vida sexual llena de gozo y placer.

Siguiendo con los números y concluyendo con algunas observaciones nuestras, queremos destacar ahora las diferencias que hay entre hombres y mujeres de nuestro país.

Más del 60 % de mexicanas tiene entre 16 y 30 años y su esperanza de vida es de 77 años. La edad promedio para tener la primera relación sexual son los 17 años. Tienen en promedio dos parejas sexuales en el transcurso de su vida y para la mayoría de ellas sexo es sinónimo de amor. Durante las relaciones sexuales tienen la necesidad de ser tocadas en todo el cuerpo. Su tiempo de excitación es de 20 a 30 minutos en promedio.

Más del 60 % de mexicanos tiene también entre 16 y 30 años y su esperanza de vida es de 73 años. Su edad promedio de iniciación sexual son los 16 años. Tienen en promedio cinco parejas sexuales en el transcurso de su vida y para ellos el amor es sinónimo de sexo. Durante las relaciones sexuales tienen necesidad de ser tocados en las zonas erógenas. Su tiempo de excitación es de 5 minutos en promedio.

Si bien la biología aún marca algunas diferencias, las conductas sociales se van igualando. Más adelante desglosaremos las respuestas sexuales de hombres y mujeres para facilitar el conocimiento de la propia sexualidad y el entendimiento del sexo contrario. No hay duda de que la falta de información aún genera ansiedad en el comportamiento erótico y dificultad para lograr la satisfacción sexual.

¿Por qué somos como somos en lo sexual?

Hay que convertirse
en la persona adecuada en vez
de buscar a la persona adecuada.
Sondra Ray

Nuestras conductas sexuales-eróticas guardan relación con diversos factores como la estructura social, el género y las influencias de vida (núcleo familiar, escuela, medios de comunicación, amigos, etcétera). Todos estos factores, además de la genética, configuran tu manera de acercarte al erotismo y la sexualidad. Vale la pena revisarlos por separado de manera que identifiques cuáles tuvieron más influencia en tu manera de vivir la sexualidad.

Este entendimiento te permitirá cuestionar prejuicios, entender patrones que asumiste en automático y desafiar así viejas creencias y limitaciones.

- *Factores culturales.* Nuestra cultura es parte de la tradición judeocristiana. La caracteriza la división entre el espíritu y el cuerpo. Esto sobrevalora una de sus expresiones sobre la otra, considerando que lo mental o lo espiritual está sobre lo físico o lo corporal. Por otro lado, enaltece el dolor: "el dolor fortalece el espíritu", "hay que sacrificarse, aguantar…"; en la dicotomía dolor-placer, el dolor es valorizado y el placer, penalizado. El goce, el bienestar sin pagar un precio, produce miedo. Se vive el cuerpo más como lugar de dolor que de placer. Esto, en general, nos hace temer el placer: lo asociamos con el pecado, lo sucio, lo inmoral, la culpa y el castigo. Al final, el autocastigo. Y este miedo se asocia con el miedo a la libertad: si gozo, ¿puedo gozar con cualquiera o voy a crear una dependencia afectiva?

- Es importante resaltar cómo los gobiernos represivos, autoritarios, y las dictaduras tienen una especial preocupación por el tema del placer sexual como algo peligroso que hay que controlar, vigilar y reglamentar por temor a la libertad, el descontrol o el desorden.
- Por otro lado, en la tradición judeocristiana tenemos la estructura patriarcal, en la que los hombres representan la ley y el orden. La mujer es símbolo de seducción y pecado. Al mismo tiempo, la virgen es la figura femenina materna que representa castidad. Debido a esto existe la dicotomía de mujer buena vs. mala o madre vs. prostituta, por lo tanto, la dificultad de integrar lo afectivo con lo sexual.
- *Factores sociales.* Como comentamos, nuestra sociedad tiene una estructura jerárquica patriarcal. En una sociedad patriarcal el poder está representado por el varón, por lo que se sobrevalora todo lo masculino, incluso la potencia sexual.
- *Género.* Existe una subcultura masculina y femenina; la masculina es dominante en nuestra sociedad patriarcal. Lo masculino y lo femenino son construcciones sociales que agrupan todas las ideas y formas de lo que es ser hombre y mujer, por esta razón, el proceso de socialización es diferente para ambos, que deben comportarse de acuerdo con su género. Esto provoca a la larga un esquema rígido de

comportamiento. Así el concepto de masculinidad se asocia con poder, fortaleza, actividad, rapidez y agresividad. Mientras que a las mujeres se les asocia con suavidad, debilidad, pasividad, tolerancia, lentitud y ternura.

Muchas veces se cree que los refranes populares poseen algo de sabiduría; sin embargo, más bien reflejan ideas de la cultura. Como lo hacen de forma ingeniosa se diseminan fácilmente, aunque tiendan a repetir estereotipos o formas de pensar que, lejos de ser verdad, refuerzan ideas que nos impiden liberarnos de prejuicios y dualismos. De este modo, algunos expresan cuán polarizados y estigmatizados están los roles de género y la sexualidad, como acabamos de explicar. Por ejemplo: *el hombre en la plaza y la mujer en la casa. El hombre es fuego y la mujer estopa, viene el diablo y sopla. Las mujeres son como las gaseosas, unas caseras y otras revoltosas. Todas las mujeres son unas putas, excepto mi madre.*

- *Influencias.* Es muy importante detectar la forma en la que fuiste amado en la infancia, ya que esto influirá fuertemente en la manera en la que amas. ¿Aprendiste a experimentar placer?, ¿a confiar en los demás? ¿Te abrazaron, te cuidaron, te abandonaron? En nuestra familia aprendimos cómo sentirnos a gusto con nuestro cuerpo y con nuestra sexualidad. ¿Qué te excita y qué no?, ¿qué te atrae y que no?, ¿cuánta intimidad puedes soportar?, ¿toleras el placer con la persona que amas?

Todavía sufrimos los efectos de una sociedad en la que el sexo es algo sucio y malo. Sin embargo, la sexualidad es una de las dimensiones que facilitan la autoexpresión del amor y cuidado hacia otras personas. Una moral sexual fomenta la expresión de tu individualidad y al mismo tiempo se preocupa por las necesidades y el bienestar de tu compañero sexual; es responsable, actualizada y humana, sin que esto implique necesariamente una relación amorosa comprometida de larga duración. Al menos no al principio.

Los comportamientos sexuales y las decisiones en esta área de la vida son profundamente individuales, cada uno toma su propio camino dependiendo de sus valores, personalidad y experiencias. El reto es descubrir lo que es adecuado, deseado y oportuno para ti.

Algunas personas pagan precios emocionales muy altos porque experimentaron con conductas que no van de acuerdo con su forma de ser, sus principios y sus valores. Es necesario descubrir cómo quieres manejarte en esta área; generalmente funciona decidir con libertad, haciendo lo que quieres, no lo que debes, y siendo responsable de tus actos y sus consecuencias.

Cómo gozar plenamente mi sexualidad

El sexo sin pecado es como
un huevo sin sal.
Luis Buñuel

El sexo, además de placer genital, ha de producir satisfacción personal. Lo primero es resultado de la segunda, pero no viceversa. Esto se logra cuando la interacción es clara y abierta sin falsas expectativas.

El sexo gratificante es relativamente fácil porque basta que coincidan dos personas que se vinculen desde el deseo y con un cierto nivel de compatibilidad sexual. Para lo cual es necesario que la sexualidad se ejerza libremente, que exista una sensación de que lo sexual fortalece el vínculo y del mantenimiento de la satisfacción gratificante en el tiempo.

El conocimiento de nuestro cuerpo y su funcionamiento es un requisito para el sexo gratificante, te compartiremos información básica que conviene tener a mano. Probablemente la mayoría de lo que a continuación te compartimos ya es de tu conocimiento, sin embargo, cualquier dato nuevo, por pequeño que parezca, puede hacer una gran diferencia en tu práctica sexual.

Zonas erógenas femeninas y tips para estimularlas

1. Clítoris. Estimularlo suavemente con la mano húmeda o con la boca, primero de forma indirecta y después directamente. A la mayoría de las mujeres le gusta que sigas estimulándole el clítoris después del orgasmo.
2. Labios de la vagina, interior y exterior.
3. Vagina. Buscar y estimular el punto G con los dedos o con el pene. Con los dedos haciendo el movimiento de adentro de la vagina hacia afuera, tocando la pared de la vagina cuando ella está boca arriba. Si es con el pene, ella debe permanecer boca arriba con las piernas en alto. Si es por detrás, podrás estimular el clítoris al mismo tiempo.
4. Perineo. Entre el ano y la vagina. Estimúlalo suavemente con la mano y de preferencia con algún lubricante.
5. Monte de Venus.

6. Glúteos y muslos. Los glúteos pueden ser estimulados más fuerte, se pueden acariciar, apretar, separar y hasta dar pequeñas nalgadas.
7. Pezones. El error más común es sobre estimularlos. Tócalos suavemente y aléjate. Toca todo el pecho antes de tocar los pezones.
8. Caderas.
9. Músculo central de la nuca.
10. Cuello.
11. Debajo de las orejas.
12. Espalda (entre la columna vertebral y los omoplatos). Dale un buen masaje en toda la espalda. Puedes besar la espalda mientras proporcionas el masaje.
13. Besos. A las mujeres les encanta besar y ser besadas. Varía la intensidad, primero suavemente y luego de forma más apasionada. Sigue despacio y, cuando termines con los labios, besa toda la cara.
14. El cuero cabelludo. Pasa la mano por su pelo y masajea toda la cabeza.
15. Dedos de las manos y de los pies. Besos suaves o chupadas apasionadas en sincronía con lo que sucede en la vagina es muy erótico. Otra opción es masajear los pies.

Mensajes del cuerpo femenino para demostrar excitación

- Rubor en la cara y el estómago.
- Lubricación en la vagina.
- Clítoris dilatado (erecto) y enrojecido.
- Pechos hinchados.

- Pezones endurecidos, areola oscurecida.
- Vagina ensanchada.

Zonas erógenas masculinas

- Pene, sobre todo la parte inferior y el glande.
- Testículos.
- Perineo.
- Ano.
- Zona entre el ano y los testículos.
- Próstata. Puedes estimularla a través del ano.
- Ingle.
- Vista.
- Lóbulo de la oreja.
- Piel.
- Pies.
- Ombligo.
- Músculo de la mitad inferior de la espalda.
- Pezones.
- Músculo central de la nuca.

Mensajes del cuerpo masculino para demostrar excitación

- Erección del pene.
- Glande rojo o violáceo.
- Testículos elevados.

Mensajes del cuerpo masculino y femenino que demuestran excitación

- Ritmo cardiaco, respiración y pulsaciones elevadas.
- Presión arterial elevada.
- Pupilas, labios, nariz y lóbulos de las orejas dilatados.

El placer femenino

Todas las relaciones sexuales pueden provocar satisfacción o frustración. Sin embargo, lo habitual es que la gran perjudicada sea la mujer. Esta frustración puede ser provocada por diversas razones. Entre ellas, la dificultad de lograr el orgasmo.

Hagamos algunas distinciones: más del 90 % de las mujeres pueden disfrutar de un orgasmo con la estimulación del clítoris. El orgasmo vaginal lo logran el 60 % de las mujeres después de un proceso que a veces tarda décadas en darse. La mayoría de los problemas sexuales no tiene que ver con la capacidad orgásmica, sino con la falta de conocimiento de los hombres al privilegiar el orgasmo vaginal y la falta de sensibilidad, afecto, cuidado y pericia con que muchos hombres practican la sexualidad. Esto no les quita responsabilidad a las mujeres para lograr el orgasmo, ya que, como dice el viejo adagio: "el orgasmo es de quien lo trabaja".

La masturbación es una práctica casi necesaria para conocerte y sensibilizarte. Si no sabes lo que te gusta, es muy difícil pedirlo o dártelo. Si no te asumes como merecedora del goce de tu sexualidad, ¿cómo podrías disfrutarlo con tu pareja?

Mitos y realidades de la sexualidad masculina

Es increíble que en pleno siglo XXI el tamaño, la potencia y el rendimiento sigan siendo los cimientos sobre los que los hombres construyen su sexualidad. Un hombre que no tiene erecciones siente que no es hombre. El viagra se usa como si fuera aspirina, con la sorpresa de que muchos hombres piensan que su solo uso puede lograr una erección aun sin el estímulo erótico; es decir, sin una mujer presente, un vínculo, cierto juego sexual y el tocamiento.

Los hombres, generalmente, aprenden una sexualidad centrada en el pene, disociado de ellos y sus sentimientos. Preocupados y pendientes del rendimiento, terminan ansiosos, dudosos de su actuación y con miedo de ser superados por otros hombres o por haber dejado insatisfecha a la mujer. El tema se vuelve una carga, ya que ser hombre se centra en demostrarlo ante una mujer sin poner foco en los sentimientos ni en la intimidad.

Esta mirada falocéntrica hace pensar a los hombres que las mujeres desean lo mismo. Esto se ve claramente en la pornografía, que responde a la idea del sexo masculino y en la que las mujeres son insaciables, multiorgásmicas, accesibles y dispuestas a todo. Los hombres repiten un movimiento único en la penetración. El varón es una máquina y su pene es el instrumento. La visión masculina fragmentada ve a la mujer como un par de pechos y una vagina. Mientras sexo y poder vayan juntos, la impotencia (el no poder) será lo más temido por el hombre.

En el sexo tántrico, en contraposición, el hombre se conecta con su cuerpo, sus emociones y su respiración. La relajación de los músculos y el uso de la mente le permite un desempeño sexual placentero. Al mismo tiempo, siendo consciente de la mujer en su totalidad e integrando lo erótico, lo emocional y lo físico, logra encuentros sexuales más plenos y gozosos.

Para ser un mejor amante

1. *Usa las manos.* Pon la palma de tu mano en el hueso púbico, empieza muy suavemente en la parte interior de los muslos y en el vello púbico. Espera su señal (levantamiento de la pelvis o que separe las piernas), continúa hasta que los labios de la vulva inviten a tus dedos a entrar. No solo muevas los dedos, también la muñeca de forma activa.
2. *Mantente entrenado.* Mastúrbate por lo menos durante 20 minutos para aprender a controlar la eyaculación.
3. *Amplía tus horizontes.* El sexo es mucho más que una simple penetración y caricias en los senos. Mejor ve la penetración como una de muchas opciones: juguetes sexuales, sexo oral, masturbarse. Es importante la creatividad y la sorpresa.
4. *De un lado a otro...* Besa y acaricia a tu pareja por algún tiempo hasta que empiece a excitarse, a continuación expón suavemente el clítoris. Estimúlalo, ya sea con la lengua o con los dedos húmedos, primero con movimientos cortos y luego más largos (pídele que describa la excitación del 1 al 10; cuando llegues al 8, para). A continuación, con movimientos circulares, estimula el área exterior de la vagina utilizando la lengua o los dedos hasta

que la excitación baje a 5. Es tiempo de regresar al clítoris hasta llegar al 8. Luego coloca la palma de tu mano contra sus genitales e introduce uno de tus dedos. Con la punta toca el punto G a cinco centímetros de la entrada. Sigue estimulando o lamiendo el clítoris mientras acaricias el punto G. Ella te dirá cuando parar.

5. *Hazla esperar.* Tárdate 10 veces más, sorpréndela con tu lentitud. Estimula sus pezones; empieza por la parte exterior de la aureola y lentamente acércate al pezón, que se pondrá más oscuro y rígido. Coloca dos dedos a los lados del pezón y suavemente presiona hacia adentro abriendo el espacio entre tus dedos, para después estimularlo con la lengua.
6. *Sorpréndela.* Cambia de posición con frecuencia, de lugar o de ambiente.
7. *Trabaja en el bombeo.* Al penetrar evita el ritmo monótono. Varía la profundidad, velocidad y ritmo, así como el impulso de la pelvis. Empieza con poca profundidad y movimientos lentos; a más excitación, más profundidad y movimiento más rápido. De repente, haz pausas de algunos segundos. Los movimientos circulares ayudan a controlar la eyaculación y aumentan la variedad.

Es común asociar la satisfacción sexual con el orgasmo simultáneo, lo que es un error. Su sobrevaloración puede resultar contraproducente tanto para quienes lo logran con esfuerzo como para quienes no lo obtienen. Podemos considerarlo parte de los momentos cumbre de nuestra sexualidad, si lo alcanzamos como consecuencia de un proceso de armonización sexual y no como finalidad en sí mismo.

Errores comunes en el ámbito de las relaciones sexuales

1. Hacer el amor porque toca, aunque no tengas deseo.
2. Ser siempre el que toma la iniciativa o el que responde. Ambos deben tomar los dos papeles. También saber decir no de forma adecuada.
3. Fingir el orgasmo para que el hombre se sienta bien. Simular el orgasmo es la mejor manera de inhibirlo.
4. Sentirte un instrumento.
5. Buscar el placer del otro, aunque no logres el tuyo. Esto significa que necesitas aprobación o temes el rechazo.

Lo ideal es que nuestro deseo no afecte el del otro, sino que se mezclen, para que nuestra sexualidad, además de instintiva, sea adaptativa.

Algunas ideas importantes para gozar de la sexualidad

1. Evita hacer algo que no quieras. Es muy importante darte el tiempo para reflexionar si lo que te propones o te proponen va realmente contigo.
2. Haz todo lo que quieras, después de reflexionarlo y ponerte de acuerdo con tu pareja.
3. Logra que todo lo que suceda sea desde el deseo previo.
4. Analiza tu propia escala de valores sexuales, distingue prejuicios y temores.
5. No dañes ni te dañes con tus acciones.

6. Pregúntate: ¿soy consciente de quién tiene más poder y, por lo tanto, mayor responsabilidad? ¿Tengo clara mi escala de valores sexuales? ¿Hago lo que hago porque me gusta a mí o a mi pareja? ¿Lo que no hago es porque no me gusta o solo por cuestiones sociales?

Alrededor de la sexualidad hay infinidad de mitos, creencias y prejuicios. Algunas personas pagan precios emocionales muy altos por haber experimentado con conductas que no eran compatibles con su forma de ser, sus principios y valores.

Parece mentira, pero aún acarreamos los efectos de una sociedad en la que el sexo fue negado por tanto tiempo. Ahora, en el polo opuesto, con tanto énfasis en el tema, también parece haber perdido su encanto y erotismo, debido al exceso.

En la serie de televisión "En terapia", Mia es una mujer en sus cuarenta que busca una relación de pareja; la búsqueda se vuelve obsesión y en una ocasión (cada capítulo es una sesión de terapia) le cuenta al terapeuta (también seduciéndolo a él) un encuentro sexual. La narración en sí misma ilustra la paradoja del "mucho sexo". Empieza siendo un relato triunfal, heroico, divertido y termina la narración con un enorme sentimiento de soledad, vacío y tristeza.

Madurar sexualmente consiste en armonizar el instinto con la razón y lo que nos gusta con lo que nos conviene. Es saber discriminar qué cosas de las que nos gustan debemos permitirnos y qué cosas no nos gustan porque creemos que no deben gustarnos. No tiene sentido tener culpa por lo realizado y frustración por lo reprimido. Una vida sexual sana empieza por esta congruencia sexual que requiere un cuestionamiento ante las experiencias vividas y las creencias que las sostienen.

Todo lo que da placer tiende a repetirse y lo que produce repulsión a evitarse, pero también el exceso de satisfacción conduce a la saturación y esta constituye uno de los grandes enemigos de la sexualidad. El exceso consume el deseo, por lo que el sexo cuando se hace estable o rutinario pierde su vigor. La fase pasional de una relación se caracteriza por la energía sexual que genera además del enamoramiento mientras que en la sexualidad estable solo está la energía sexual, por lo que corre el peligro de agotarse si no se neutralizan una serie de variables.

El deseo se aviva con lo desconocido, y por esa razón crea cierta ansiedad. Mantener el deseo a largo plazo es difícil, ya que requiere la conciliación de la libertad y la novedad con el compromiso y la estabilidad. La pasión en una relación es proporcional a la cantidad de incertidumbre que se pueda tolerar y sobra decir que incertidumbre no es falta de compromiso. El sexo necesita variantes, sorpresas, incluso ciertas diferencias y conflictos son preferibles a la calma de la monotonía y la rutina. Hacer las mismas cosas, los mismos días, en los mismos sitios es un pasaporte seguro haca la extinción del deseo.

La sexualidad puesta en perspectiva es una de las dimensiones que facilitan más un medio de autoexpresión y de mostrar amor y cuidado hacia otras personas. Si bien es un camino privilegiado de comunicación, de compartir y de encuentro, no es el único. Tu mirada sobre la sexualidad varía dependiendo de tus creencias y valores personales además de tu propia historia, pero sin duda también influye el avance de tu proceso de duelo y separación.

Consideraciones para las relaciones sexuales

1. Planea el encuentro.
2. No contagies ni permitas que te contagien.
3. No tengas hijos si no quieres.
4. Nunca lo hagas con violencia.
5. Posponlo lo más que puedas, aunque sea lo suficiente para ponerte un condón.
6. Tómate tu tiempo.
8. Nunca lo hagas con un menor.
9. Genera vínculos.

Después de un rompimiento amoroso

> *El problema no es recibir*
> *el golpe, sino vivir toda la*
> *vida evitando el golpe.*
> CLAIRE FONTAINE

Cuando hablamos de sexualidad incluimos cierta confianza en otra persona, pero sobre todo en uno mismo. Lo más común después de un rompimiento es que la seguridad personal no esté a la orden del día, esto complica el tema pues para tener relaciones sexuales es fundamental sentirte bien contigo y poder confiar en que la otra persona no te dañará ni física ni emocionalmente.

El sexo es importante siempre. Si te gusta de más o de menos sería interesante entender con qué se relaciona esta peculiaridad. Todos los factores mencionados entran en juego: tu historia familiar, tu pasada relación, tu educación, el contexto en el que creciste y el espacio en el que te encuentras hoy, factores genéticos y hereditarios. Distinguir entre prejuicios y principios es importante para ubicar el tipo de conducta que quieres practicar.

Bríndate la posibilidad de explorar aspectos desconocidos de tu sexualidad: fantasías, pasividad, ternura, dar y recibir, ritmos y tiempos diversos, entre otras cosas. Sobre todo, genera un espacio para descubrir tu propio cuerpo y reconocer cómo se comporta tu deseo. Conocerte físicamente, reconocer tu funcionamiento sexual, explorar nuevos caminos de gozo es una tarea de todo ser humano. Esto lo debes hacer a solas y también acompañado.

En esta etapa del proceso elige qué tipo de encuentros eróticos o amorosos requieres y deseas. Toda relación sexual elegida desde el deseo y la conciencia y puesta en un marco de intercambio humano puede ser relevante y constructiva. Es probable que durante un tiempo no tengas un compañero sexual estable, incluso es deseable. Lo importante es ser claro y explícito contigo y con el otro del tipo de encuentro que quieres generar, la responsabilidad que este implica y el compromiso que de él adquieres, aun cuando sea un encuentro casual esporádico. Cada ser humano con el que te relacionas es diferente; no es un objeto, es un sujeto y como tal lo has de tratar. Esta premisa te permite convivir sexualmente no desde el consumo, el uso y el abuso del otro, sino desde el acuerdo y el encuentro.

No desperdicies tu oportunidad de aprender a decir que no por respeto a ti mismo y al otro. No siempre tienes que acceder. Es el momento de aprender o recordar que no es tu obligación satisfacer a los demás. Tampoco estás obligado a adivinar deseos que no se expresan ni a condescender en lo que no te gusta ni deseas.

Dale tiempo al tiempo. Tus limitaciones, frustraciones sexuales y falta de experiencia no pueden actualizarse en un día. Ten paciencia y cuidado. Poco a poco estás integrándote en una nueva vida.

No olvides que tus órganos sexuales principales son el cuerpo y el alma. Desea y elige desde la cabeza, el corazón y la entrepierna. Prestando atención a tus sentimientos, emociones y sensaciones. Mientras no vuelvas a tener una pareja fija, acuérdate del condón.

Y, por último, ¡no te acuestes con tu ex! Esas noches de nostalgia y duda pueden llevarte a encuentros lastimosos para el otro o para los dos. Si consideras la posibilidad de reactivar tu pasada relación es importante que lo hagas desde el discernimiento para que no te confundas ni trastoques el proceso vivido.

Respeta tu experiencia de vida, tu personalidad, tus necesidades, deseos y valores. No corras riesgos innecesarios, pero tampoco sostengas prejuicios y tabúes represivos. Lograr este equilibrio en tu vida sexual te ayudará tanto en encuentros pasajeros como en relaciones comprometidas, incluso en el comienzo de una nueva relación matrimonial.

IDEAS PARA VALORAR MI AVANCE

1. Cambié mi forma de pensar acerca de las conductas sexuales de los solteros.
2. Reconozco algunos preceptos sociales y prejuicios que no me sirven.

3. Encuentro algunas respuestas a las preguntas que me hice acerca de la sexualidad después de mi rompimiento amoroso.
4. Mi sexualidad empieza a ser más libre, madura y gratificante.
5. Disfruto mi cuerpo a solas.
6. Puedo disfrutar mi sexualidad cuando estoy acompañado.
7. Reconozco que sin una química básica no puedo relacionarme sexualmente.
8. Recuerdo algunas ideas para ser un mejor amante y para ligar.
9. Soy cuidadoso con mi vida sexual dado que el sexo genera vínculos.
10. Tengo claro qué quiero cambiar y qué quiero conservar en mi segunda oportunidad.
11. Me siento más capacitado para ser un mejor amante pues conozco mejor mi cuerpo y el del otro sexo.
12. Puedo integrar a mi vida sexual la ternura, la calma, la sensibilidad y el cariño aun en las relaciones ocasionales.
13. Respeto mi escala de valores sexuales.

CAPÍTULO 8

El camino personal

Elija su ruta cuidadosamente,
estará en ella los próximos 100 km.

AVISO DE CARRETERA

La relación contigo mismo

La razón no me ha enseñado nada.
Todo lo que yo sé me ha sido dado por el corazón.
Es mera intuición…

¿Te ha ocurrido despertar a la mitad de la noche y, en medio del silencio y la oscuridad, sentir una conexión contigo? Seguramente experimentaste esa sensación, que puede ser desde tranquila y placentera hasta desafiante y amenazadora. Y es que ese contacto contigo te muestra algo sobrecogedor: de todas las relaciones que tienes en la vida, la única ineludible, de la que no podrás nunca esconderte y que dura las 24 horas del día es la relación contigo mismo.

De todos los seres vivos existentes, el único que tiene la capacidad de relacionarse y dialogar consigo mismo es el hombre. Esta capacidad se debe a una cualidad única que lo distingue del resto de las especies: la conciencia. Podrías argumentar que algunos seres vivos "se dan cuenta" y tienes razón: un perro se da cuenta de que llega su amo, se da cuenta de que falta otro cachorro que lo acompañaba, pero los humanos somos los únicos que nos damos cuenta de que nos damos cuenta... Es decir, sabemos que sabemos, por lo que no solo somos seres conscientes sino también autoconscientes.

La complejidad de las operaciones mentales que derivan de esta capacidad constituye la razón por la que puedes entrar en diálogo contigo mismo y preguntarte, por ejemplo, ¿quién soy?, ¿qué quiero?, ¿hacia dónde me dirijo? De las respuestas a dichas preguntas deriva que te sientas a gusto contigo mismo o no. De este modo, intentarás cambiar en pro de tu bienestar y crecimiento o bien tratarás de acallar esa voz interna que te cuestiona y desafía. Escucharla y atenderla o bien evadirla e ignorarla son decisiones que tú tomarás; ambas tendrán efectos distintos en ti y en tu modo de vivir.

Entramos pues en el mundo de las elecciones, de las decisiones: la conciencia hace que el ser humano, a diferencia de los otros seres vivientes, no funcione por instintos e impulsos. Sin duda experimentaste cómo la vida despliega diversas opciones ante ti y por lo tanto se te presenta a cada rato el deseo, la necesidad y la urgencia de elegir. Incluso no elegir es una elección.

La capacidad de elección, derivada de la conciencia, es la que te hace libre. Es gracias a ella que puedes autodeterminarte y, por lo tanto, responsabilizarte de tus acciones mostrándote como un ser ético, capaz de tomar decisiones y hacerse cargo de lo que de ellas derive. Ser libre es un desafío: al tiempo que abre ricas posibilidades es una tarea ineludible. Te permite transformarte y transformar tu mundo, y te da la opción de replegarte y asumir el efecto de que otros decidan por ti dejando pasar la vida ante tus ojos.

Es importante insistir en que esta capacidad de pensar y pensarte, si bien es parte de tu naturaleza, no funciona en automático. Tienes libertad de obrar en pro de la expansión de tu conciencia o en pro de su contracción. Puedes aspirar a ver más o a ver menos. Puedes luchar por saber o por no saber. Puedes trabajar para obtener claridad o bruma. Puedes vivir conscientemente o casi inconscientemente. Este es, en definitiva, el significado del libre albedrío.

Pero, paradójicamente, la traición a la conciencia es una traición a ti mismo. ¡Ir en contra de ella es traicionar tu medio fundamental de supervivencia! Solo eligiendo racionalmente y con integridad te sentirás contento y satisfecho contigo mismo. Vivir de forma consciente significa darte cuenta de lo que afecta tus acciones, valores y metas y comportarte de acuerdo con aquello que ves y sabes. Ser consciente significa respetar los hechos de la realidad: tanto los de tu mundo interior como los del mundo que te rodea. Ser consciente es trabajar por superar la negación, la evasión, la enajenación y, por lo tanto, la mentira.

Seguramente no te gustará todo lo que descubras, pero esconderlo o negarlo no lo cambia, solo aumenta la brecha entre la posibilidad de actuar oportunamente en relación con eso o vivir bajo los efectos de la ignorancia. Si prefieres la ceguera, el resultado será la falta de confianza y de respeto por ti mismo. ¿Experimentaste ese malestar interno al tratar de esquivar retos que se te presentan o decisiones inaplazables? Quizás te contestarás que sí pero que cuando lo haces lo manejas tan bien que los demás apenas y lo notan. Basta que tú te des cuenta para que el efecto de la autotraición se deje sentir en tu persona: la incongruencia, la incomodidad...

Pensar en vez de no pensar, percatarte de lo que ocurre, aunque el conocimiento cueste trabajo, generar claridad en vez de vaguedad es el reto de vivir conscientemente. Respetar la realidad y la verdad, aun la desagradable y dolorosa, ser activo ante lo que ves atreviéndote a correr riesgos y cometer errores para luego corregirlos, atravesar el temor activando la voluntad es el camino de la realización personal y humana. ¿Cuántos caminos errados emprendiste por replegarte en la fantasía en vez de darle la cara a lo que ocurre? ¿Qué efectos concretos tuvieron esas decisiones en tu vida?

Cuanto más conscientemente vivas, tendrás más fe en ti mismo, reconocerás tu valor y te respetarás. Mientras más confíes en ti más natural resultará vivir de esta manera. Mientras procures una auténtica relación contigo mismo, irás conquistando el camino de convertirte en persona.

Ser quien eres...

Conviértete en quien eres.
NIETZSCHE

Si deseas que tus sueños se hagan realidad, ¡despierta!
AMBROSE BIERCE

La consciencia favorece algo que también caracteriza tu existencia: el cambio constante; lo quieras o no estás en permanente transformación. El dinamismo de tu vida es una invitación a desarrollar los recursos que tienes; actualizar ese potencial innato y latente es lo que te construye como ser humano. Seguramente experimentaste la fuerza de tu ser cuando quiere crecer: es tu propio potencial que tiende al desarrollo. Siendo consciente y fomentando el diálogo interior favorecerás este crecimiento. No se te dio una existencia acabada sino una vida por construir; por eso decimos que vivir es una invitación a realizarte, a convertirte en persona. Los efectos de este desarrollo generarán en ti la sensación de congruencia y la experiencia de autonomía.

Para ello, tú y solo tú has de generar las condiciones que facilitan tu crecimiento. Para ser realmente persona requieres integrar armónicamente tres facultades humanas como efecto de tu capacidad consciente: sentir, pensar y actuar. No basta que puedas sentir, necesitas entender; no es suficiente que entiendas, tendrás que hacer un juicio crítico; no bastará con hacer un juicio crítico, habrás de comprometerte, de actuar para transformarte y transformar tu mundo. Como ser único, creativo e irremplazable contribuyes de manera insustituible en esta tarea de creación personal y de creación de tu entorno.

Hay quienes piensan que las personas no pueden cambiar. A estas alturas del partido, con nuestra experiencia y trayectoria, tenemos la certeza de que todos tenemos un margen suficiente de mejora. ¡No creer en el cambio sería desesperanzador! El ser humano es permanentemente perfeccionable, por lo mismo nunca termina de construirse: cada meta lograda es un nuevo comienzo. La manera de recorrer esta aventura de vivir es tan única como lo eres tú.

El cambio favorece el crecimiento y con este se llega a la madurez. Pero ¿qué es la madurez? Se usa esta palabra de forma tan constante que es mejor hablar de sus efectos para que le reconozcas en ti y en los demás. El efecto de la madurez se manifiesta en formas concretas al afrontar tu vida:

experimentarte más reflexivo en tus decisiones; actuar con detenimiento e inteligencia en vez de impulsividad y arrebato; ser más autocrítico al asumir una justa valoración de ti mismo tanto en tus riquezas como en tus limitaciones; buscar entender el mundo que te rodea y generar relaciones constructivas con quienes te rodean; tolerar la frustración y posponer el placer y la gratificación cuando es necesario hacerlo y, por último, adquirir la posibilidad de asumir el sufrimiento inevitable de la vida, afrontándolo y aprendiendo de él. Estas son las auténticas manifestaciones de la madurez; no bastan los buenos propósitos ni los sabios discursos.

Pero para madurar requieres activar tu conciencia y dijimos que el uso de la misma no se da de manera automática. Por eso, para madurar, necesitas querer hacerlo, saber cómo y ponerlo en práctica. Lo ideal sería que bastara tu deseo, pero la conquista de la madurez no se da solamente así. Si deseas crecer, necesitas hacerlo: es decir, aprender nuevas conductas.

Si vas a emprender este camino primero has de lograr, mediante un diálogo contigo mismo, el equilibrio entre lo que emprenderás y tus posibilidades y capacidades reales. Si tus metas están fuera de un marco que tome en cuenta tus características, atributos y situación, el intento será un fracaso rotundo y una confirmación de que no merece la pena cambiar. También requieres un sentido de dirección para reconocer el camino a seguir.

Estando en contacto contigo mismo, haciendo uso de tu conciencia y de tu voluntad, lograrás identificar lo que quieres y requieres para movilizarte y cambiar, activarás la fuerza y la voluntad que la tarea implica y despertarás la motivación que necesitas para asumir los costos. Así es la conquista de la madurez. Poco a poco brincarás los obstáculos poco placenteros para visualizar los beneficios de tu esfuerzo. Las pequeñas acciones que realices al inicio del proceso te ayudarán a disfrutar el logro anticipado de tus futuras conquistas. ¡Es que los primeros movimientos, lo verás, ya son logros en sí mismos!

Elegir la inmadurez como modo de funcionar en la vida es una opción. Esta vía se caracteriza por actuar de manera impulsiva, cambiando permanentemente de foco; culpar a los demás de los fracasos sin asumir responsabilidad sobre las decisiones; mendigar la comprensión de los demás para que avalen tus errores sin fomentar tu propia capacidad para evaluar tus acciones y hacer de tu punto de vista el parámetro de la medición; por vivir las experiencias frustrantes y los eventos dolorosos como tragedias de las que no puedes aprender y por lo tanto deseas a toda costa evitar.

Revisemos este caso: Ricardo vino a terapia de pareja con su esposa. Tras una relación de cinco años, con sus altibajos, estaban separados físicamente desde hace dos meses por iniciativa de ella y querían revisar en terapia sus posibilidades de regreso. Como en toda pareja y en toda terapia de este tipo, había dos descripciones, dos interpretaciones de los hechos. Aunque la esposa tenía sus propios puntos ciegos, Ricardo era un ejemplo de inmadurez. En su discurso predominaba la culpabilización hacia ella, narraba varios actos impulsivos como enojarse e insultarla, desquitarse con otros, algunas formas de venganza cuando se sentía ignorado (no necesariamente era así); era extremadamente demandante de la atención de ella y uno de los actos más claramente inmaduros era que cuando la esposa le reclamaba que en estos dos meses había ido a ver muy pocas veces a su hijo de un año, él argumentaba que le dolía mucho verlo y que por eso no iba. En esta lógica, el adulto, que es responsable de las necesidades del niño, pierde de vista la necesaria presencia de él para su hijo y pone por encima su dolor, dando prioridad así a las necesidades del adulto sobre las del niño; es decir, sin hacerse responsable y actuando con inmadurez. A Ricardo le hace falta un gran trabajo para hacerse responsable de sus propios actos y no vivirlos solo como provocación, tanto de la pareja como de otras personas, y reconocerse como cuidador de su hijo (y no al revés). Sin este trabajo difícilmente dejará el sufrimiento, dentro o fuera de la pareja.

¿Por qué algunas personan avanzan más fácilmente hacia la madurez, mientras que otras se pierden en el camino? Una educación permisiva, con demasiado confort, dificulta el arrojo que se requiere para emprender cualquier tarea e incrementa el temor a correr riesgos, cometer errores y asumir las consecuencias. Por otro lado, una educación extremadamente autoritaria exhorta a quienes la reciben a obedecer a rajatabla sin reflexionar ni cuestionar, impidiéndoles contactar su brújula interna y dificultando la posibilidad de elección: se someten o reaccionan.

Cualquiera que sea tu trayectoria previa debes saber que todos transitamos de la inmadurez a la madurez. La inmadurez no es lo opuesto a la madurez sino su estado previo: la una conduce a la otra si se trabaja personalmente. Solo se aprende a madurar viviendo: la vida siempre abre oportunidades de aprendizaje. Posiblemente tu experiencia de separación es hoy una puerta de entrada para emprender el camino de ser quien eres y madurar.

Sin duda hay una correlación entre la magnitud y frecuencia de los problemas afrontados y el grado de madurez alcanzado. El número de situaciones críticas afrontadas en la vida y tu modo de resolverlas de forma adecuada acorta el camino hacia la madurez. Mientras más trascendentes sean las situaciones atravesadas y más responsables tus decisiones, mayor es el aprendizaje vital y la maduración obtenida.

Todos los días tienes que decidir sobre cosas cotidianas, en cierto modo de poca trascendencia, pero existen momentos en la vida en que la decisión es crucial. De lo que optes en esas circunstancias dependerá, de manera determinante, tu futuro. Ciertamente tu rompimiento amoroso es una de esas experiencias cruciales. Quizás antes de ella vivías una situación estable, con cierto número de seguridades que te daban tranquilidad. Por alguna razón, las cosas comenzaron a entrar en crisis y a desacomodarse; de repente pierdes aquel equilibrio y viene la experiencia dolorosa de la pérdida.

Como esta hay diversas experiencias que marcan la vida. ¡Y es que tanto la vida personal como nuestras relaciones están hechas de altibajos: de ascensiones y de caídas! Pasamos de nuestros más altos ideales a la más cruda realidad. En estas circunstancias tienes dos opciones: puedes asumir la caída como un reto para autosuperarte, para convertirte en tu propio héroe y así crecer, o puedes decidir quedarte en el lamento, tratando de huir ilusoriamente y encerrándote en ti mismo para "no sufrir".

Las experiencias cruciales pueden ser cualquier acontecimiento urgente de la vida: el dolor ante la pérdida de un ser querido, una enfermedad que ponga en peligro la vida, la bancarrota, la jubilación... Como podrás ver, el dolor es una experiencia que te hace despertar, sirve para darte cuenta y tomar conciencia de tu propio ser. Las experiencias cruciales te hacen examinar cuestiones existenciales. La conciencia de despertar que se desprende de estas vivencias puede ser facilitada por la ayuda de otro, un amigo o terapeuta, que tenga mayor sensibilidad frente a estos temas y que te acompañe en tu camino personal.

Existen otros eventos no dolorosos que también representan experiencias cruciales y que generalmente implican cambios de gran magnitud que requieren un serio discernimiento para clarificarte: debo o no hacer tal cosa, puedo o no puedo hacerla, quiero o no quiero llevarla a cabo. Se dice que a lo largo de la vida se dan entre ocho y 10 de estas decisiones vitales, sin duda una de ellas es la separación. Podríamos incluir también elecciones como tener o no hijos, casarse o no, cambiar de dirección profesional o de trabajo.

Algunos de esos eventos se dan por propia iniciativa, son decisiones personales desde el deseo y la conciencia, desde el impulso del crecimiento. Otros son posturas que hay que tomar ante situaciones que nos ocurren y nos hacen asumir responsabilidades ante ellas; requieren la aceptación y el afrontamiento de elecciones que no tomamos nosotros y que generalmente producen desasosiego y dolor. En ambas situaciones las decisiones que tomes y las posturas que asumas tendrán aciertos y desaciertos: por ello tendrás que detenerte para verlos, rectificarlos y decidir si persistes en la elección o la replanteas.

¿Desde qué lugar afrontas tu separación? ¿Como una iniciativa de cambio o como una respuesta ante un planteamiento que no esperabas? Cualquiera que sea tu situación, la actitud que asumas en esta etapa de la vida puede ser un disparador hacia la madurez. Si haces lo que debes hacer te convertirás en quien quieres ser. Casi nos atrevemos a afirmar que las decisiones trascendentes se dan de manera particular en el mundo de los afectos; que las decisiones amorosas son definitivas, pues además de compensar las carencias infantiles son fuente de apoyo para el crecimiento desde la propia responsabilidad. Sin duda, el caos bien atravesado siempre pronostica un nuevo orden, más rico y prometedor en la vida. En tu vida.

Elegir la madurez es elegir el camino del autoconocimiento, saber qué puedes hacer y cuáles son tus limitaciones. Considerar si tienes la fuerza para realizar el esfuerzo que requiere el reto y medirlo desde la realidad. Ver si los resultados que tendrás tras realizar el esfuerzo son los esperados y luego valorar el logro para persistir en él o bien cambiar de objetivo o de estrategias. Solo la superación personal hace posible la felicidad general. Y como ves, esta no se persigue en sí misma, sino que es resultado de algo.

Dijimos en capítulos anteriores que la autoestima facilita el camino de la adultez, pero más allá de que te hayan o no querido, hoy tú eres responsable de desarrollar tus atributos personales, de sentirte competente y valioso y de lograr la estabilidad interna que te permita gestionar tus deseos y tus sueños con base en tus posibilidades reales y lo que es oportuno y constructivo para ti. Ya mencionamos anteriormente que el autoconcepto realista, optimista y sano, te permitirá madurar. Y es que o maduras con tus elecciones y con las situaciones que te toca vivir o te vuelves más neurótico y rígido.

Descubrir que puedes tener las riendas de tu vida en vez de que esta te viva y te atropelle es uno de los gozos internos más disfrutables de la vida. No hay duda de que entender que la vida es finita produce ansiedad; sin embargo, esta se alimenta por la decepción de no haber realizado tu potencial.

Permitirte contactar esta insatisfacción suele ser el punto de partida para sobreponerte y actuar: hoy puedes empezar a ser quien realmente eres…

Aires de libertad

La libertad sigue siendo ese silencio
en el que resuenan todas las voces.
P. Ricoeur

Solo puedes ser libre si te conviertes en quien realmente eres, pero pareciera que conquistarte a ti mismo desde el lugar de "la obligación" sería restarte libertad. Y es que el ser humano tiene dimensiones contradictorias: queremos esto y lo otro, necesitamos algo, pero deseamos otra cosa, podemos ciertas cosas pero intentamos conquistar otras. Es imposible reducir lo complejo a lo simple: todos somos complejos y mientras más relacionados más aún. Difícilmente encontrarás respuestas rápidas, instantáneas y certeras ante lo que vas viviendo; menos aún ante la conquista de tu propia libertad. Quizás en años anteriores experimentaste una falsa sensación de control de tu vida, de tus sentimientos, de tus deseos y pensamientos, pero muy probablemente la ruptura amorosa te hizo contactar el territorio de la incertidumbre, de la duda, del cuestionamiento.

La virtud principal del ser humano no es la estabilidad, sino la capacidad de crear nuevas estabilidades a partir de las inestabilidades. Si te fijas, la lógica misma de la naturaleza no es recuperar el equilibrio anterior, sino gestar nuevas formas de equilibrio; esta aptitud permite a la vida desarrollarse, producir la diversidad y perpetuarse. Por lo tanto, no existe el equilibrio estático; el equilibrio siempre es dinámico, está en permanente proceso.

La libertad se conquista y ha de conquistarse, no a pesar de la contradicción sino con y por medio de ella. Por eso a veces sentirás que vas de la organización a la desorganización, de la interacción al aislamiento, del caos a la reestructuración. ¡Es normal experimentar este ir y venir de deseos, intereses y valores! Si tuvieras claro qué es lo más oportuno y constructivo para ti, si tus acciones no tuvieran efectos en los otros, si supieras cuál es el camino que lleva en esa dirección, el tema de la libertad no sería ni un dilema ni una labor.

La vida es una peregrinación, un viaje; en un sentido, una aventura. En este transitar se presentan ante ti diversas opciones, distintas personas, acontecimientos previstos y hasta cierto punto planeados y eventos contingentes e inesperados. Como cualquier viaje tiene riesgos: incomprensiones de los familiares, dudas personales, traiciones de los amigos, frustraciones profesionales y fracasos en el amor. Pero también conquistas: el descubrimiento de la amistad, el florecimiento de un encuentro amoroso, el logro de experiencias productivas y el despuntar de la sabiduría de la vida.

En los viajes, si bien planeas los caminos que deseas tomar, siempre se presentan encrucijadas: ¿para dónde seguir?, ¿qué dirección tomar? Estás obligado a decidir, de ahí el dilema: la libertad es un derecho y una responsabilidad ineludible. Las directrices que facilitarán tus decisiones son los sueños que alimentas; estos representan tus deseos, intereses y necesidades profundas; los sueños han de respetar los valores que sustentas para que tengan congruencia y consistencia dentro y fuera de ti; y, por último, debes poseer o desarrollar las capacidades necesarias para adquirirlos. Puedes querer muchas cosas, pero no todas se pueden lograr.

"Quiero, debo y puedo" es la triada que te permite integrar sueños, valores y competencias personales; estos indicadores te facilitarán, junto con un diálogo interno, la elección del camino a seguir. Si encuentras el equilibrio entre esas tres directrices podrás, como decía Nietzsche, crear un destino que puedas amar; solo un camino elegido y amado por ti generará el incentivo suficiente para recorrerlo. Habrá sin duda días de poca motivación, pero ellos no te impedirán perseverar y encontrarás las actitudes y acciones concretas para no darte por vencido; mantendrás la confianza de que, tarde o temprano, aun teniendo que rectificar el camino, llegarás a un lugar que te dará satisfacción personal y paz interna.

Tu vida, la única vida que tienes, debe ser plena y profunda; atravesarla intentando acumular tan pocos motivos de arrepentimiento como te sea posible. ¿Qué puedes hacer hoy para que dentro de un año, o cinco, o 10, no sientas desazón al mirar atrás? La respuesta a esta pregunta es un buen comienzo para ejercer tu libertad. Tú eres el responsable de los aspectos cruciales de esta peregrinación, ya que, incluso ante los obstáculos externos que te abrumen a lo largo del camino, eres libre de elegir cómo hacerles frente. Nadie puede robarte el derecho de aceptar una realidad, de llorarla, de abrazarla y así hacerla tuya.

El uso de tu libertad te pondrá en contacto con tu héroe interno, este héroe no responde a los estereotipos que te presentan los medios de comunicación. Reconocer a tu héroe interno significa tener la capacidad de sentirte seguro e inseguro, cobarde y valiente, claro o indeciso, y aun así decidir y actuar de forma comprometida con esa decisión. Tu héroe interior asume la vida tal como se le presenta: con caos y con orden, con realizaciones y frustraciones.

Eres un ser social, aprendiste de los demás, creciste con ellos; incluso, ellos en algún momento te facilitaron y complicaron el camino, pero eso no disminuye la fuerza de tu propia persona ni la responsabilidad de hacerte cargo de tu vida: posees un nombre propio, una descripción de ti mismo, porque en ti comienza y termina todo el proceso de la evolución de manera concreta. Por el hecho de ser hablante, reflexivo y consciente, haces una síntesis singular, única, irrepetible de todo lo que captas, sientes, entiendes y amas. Como tú ves el mundo y lo vives nadie más lo hace. Lo que tú emprendas nadie podrá asumirlo en tu lugar. Puedes acompañarte, consultar, pedir, pero no delegar tu responsabilidad ante la vida.

Por esta razón, los parámetros que guíen tu conducta han de conjugar esta visión particular desde tus experiencias, con una dimensión ética que suponga responsabilidad, un sano sentimiento de culpa que permita la toma de consciencia ante los efectos de tus errores y la voluntad que permita tu posibilidad de reparación. A estas alturas ya te habrás dado cuenta de que hablar de libertad es hablar de creación, de opciones, de ambivalencia, de complejidad.

Hay muchos tipos de decisiones, pero las de fondo suelen tener hondas raíces. Si bien estamos enraizados en lo concreto, para resolver lo del día a día soñamos, anhelamos y aspiramos trascender al mismo tiempo. Toda elección conlleva una renuncia y cada renuncia te hace consciente de tus limitaciones y tu transitoriedad, así como de tu grandeza y lo que sí tienes. La libertad comienza en tu conciencia y en la recuperación de tu propia dignidad, luego permite que la ejerzas mediante una práctica consecuente.

La libertad así vista tiene un "de qué" te liberas y también un "hacia qué" te liberas. Para poder ejercer una libertad plena primero debes liberarte de tus propios impulsos e integrar así tu dimensión animal al proceso de humanización. Recuerda que la vida consiste en erguirte como ser humano desarrollando tus potencialidades biológicas, emocionales, intelectuales, sociales y espirituales. Es sorprendente ver cuán fácilmente somos arrastrados por los impulsos más irreflexivos, como si el ancestral cerebro del reptil tuviera aún más fuerza que nuestra corteza cerebral.

Manejando los impulsos podrás liberarte hacia tu posibilidad de ser consciente y responsable. Esto, basado en un conocimiento personal, te habilita para generar y elegir un abanico de opciones de vida y para responder a lo que se presenta. Podríamos decir que nos liberamos de nuestros impulsos para hacernos sirvientes de nuestra conciencia. Cuanto más conscientemente vivas, más fe tendrás en ti mismo y reconocerás tu valor, te respetarás. Mientras más confíes en ti, más natural te resultará vivir de esta manera. La única que te dará aires de libertad.

Revisa este ejemplo: cuando Ana vino a terapia tenía tres meses de haberse separado, tras un matrimonio de 10 años. Si bien el malestar era mutuo, la decisión de separarse fue de él. Hablaba de una cama vacía, un clóset vacío, una silla vacía… En fin, situaciones espaciales que expresaban el sentimiento de vacío que la embargaba. Ana trabajó en terapia para entender las razones del alejamiento de su pareja y cómo llegaron al rompimiento. En el proceso fue transformando su visión del proceso y pasó de ser una persona abandonada a una persona sola por elección, que disfrutaba su soledad. La cama vacía se convirtió en una gran cama para ella sola, el closet también, la silla de la misma forma. Es decir, llenó los espacios vacíos consigo misma, sus gustos, sus proyectos, y así los espacios materiales pasaron simbólicamente de ser vacíos a convertirse en los apropiados para ella misma.

En busca de sentido…

Yo soy del tamaño de lo que veo,
no del tamaño de mi
estatura.
FERNANDO PESSOA

Andamos en el valle pero con los ojos
puestos en las montañas
LEONARDO BOFF

Una paciente nos dijo en consulta: "Tengo 36 años, un buen puesto profesional, seguridades y disponibilidad de más cosas de las que puedo necesitar. Ahora necesito saber qué significa todo esto".

A la pregunta acerca de cuál es el sentido de tu vida… ¿qué responderías? Muchas veces no somos nosotros quienes hacemos la pregunta, es la vida misma la que se encarga de sorprendernos con algún evento inesperado que nos obliga a detenernos y plantearnos el sentido de nuestra existencia. Esta pregunta se contesta no con teorías ni supuestos: a la vida se le responde con la propia vida, por eso respondemos con una "respuesta en acción".

Dijimos que la conciencia junto con la responsabilidad son fenómenos irreductibles e inherentemente humanos. Por ellas, cada uno de nosotros debe decidir cómo vivir de la forma más plena, feliz, ética y significativa que le sea posible. Pero ¿qué quiere decir construir una vida significativa? Los significados se refieren a situaciones únicas, así como a las personas únicas que cada uno de nosotros es. A diferencia de los significados, que también son únicos, los valores son más o menos universales en cuanto a que son compartidos por grandes segmentos de población. Compartimos valores comunes y descubrimos o creamos significados únicos.

Para decidir cómo quieres vivir requieres saber hacia dónde dirigirte. ¿Cómo te sienta saber que tienes una misión, algo que dar y algo para contribuir que solamente tú puedes ofrecer? Esta misión que da significado a tu vida no se inventa, sino que se descubre: es tu propia conciencia la que la encuentra, la desentierra. Pareciera que asumir la propia misión es opcional y en un sentido sí lo es, pero somos unidad en la diversidad, por lo que negarte a esta contribución dejaría un vacío que nadie llenaría, frustrando de algún modo el desarrollo de todo, del todo...

El hombre se caracteriza por su búsqueda de significados más que por la búsqueda de sí mismo. Cuando más se olvida de sí mismo, al entregarse a una causa o a otra persona, más humano se hace; esto suena contradictorio, pero así es. Para llegar a esta experiencia de sentido primero necesitas encontrarte a ti mismo, por eso iniciamos este capítulo en particular y el libro en general, en los que te invitamos a conocerte y reconocerte. Pero hay un segundo paso y este consiste en la invitación a salir de ti: mientras más te impliques o te dejes absorber por algo o alguien diferente de ti mismo, más te vuelves tú mismo. El hombre fue creado para trascenderse.

¿Quién no se emocionó al saber que en forma indirecta fue importante para otro? Siempre se puede recordar la conferencia de un maestro, el comentario de un amigo, la palmada de un colega, el abrazo de un familiar... El deseo de servir de algo a los demás facilita continuar la vida y darle sentido. Todos tenemos necesidad de proyectarnos a futuro. El más evidente deseo de esto es biológico y puede llevarse a cabo mediante los hijos o bien con la donación de órganos, por ejemplo. Pero también podemos trascender por medio de los valores y las acciones que se propagan de generación en generación en una especie de ondas.

Tu recorrido por la vida tocará a otros. Lo que hoy eres es resultado de tu esfuerzo, decisión y voluntad; pero para que en este momento histórico particular estés donde estás, conquistes lo que requieras, disfrutes y crezcas, se conjugaron un sinfín de factores y personas; el efecto de sus acciones se actualiza ahora en ti. Mirar esta realidad te permite también descubrir la otra cara de la moneda: tu existencia es punto de partida en la construcción de los demás, más allá de que tengas la oportunidad de verlo con tus propios ojos o simplemente intuirlo y saberlo, puede ser algo que dé sentido y significado a tu existir. ¿Cómo quieres que impacte tu vida en los demás? ¿Qué huella quieres dejar?

Es paradójico: al morir no nos llevamos nada de lo que recibimos a lo largo de la vida, pero sí dejamos lo que hicimos, lo que construimos. Todas nuestras buenas acciones, nuestros logros, nuestra influencia virtuosa... todo deja huella sobre los demás y persiste más allá de nosotros mismos.

Descubrir cómo la propia vida benefició a otros nos permite saber que ellos incorporaron algo nuestro. Piensa en alguien por quien sientas una intensa gratitud que nunca expresaste y el efecto de su existir en ti...

En ocasiones lo cotidiano puede mantenerte tan absorto que se te dificulte apreciar el sentido último de las cosas: distracciones de la apariencia física, la elegancia, las posesiones y el prestigio, junto con lo práctico del diario vivir, roban tu atención. En contraste, recordarás momentos en los que te habrás percibido no solo más consciente de la existencia, de las limitaciones, de la mortalidad y de otras características inmutables de la vida, sino también más ansioso y dispuesto a hacer cambios significativos. En esos momentos cruciales, como puede serlo tu proceso de separación, quizás sientas el impulso de lidiar con el fundamental anhelo humano de construir una auténtica vida de compromiso, conexión, sentido y autorrealización.

La esencia de la persona, el ser del hombre, está íntimamente ligado con el servicio: nos reconocemos en la mirada del otro, de los otros. Negar su realidad, no permitir su expresión en las diferencias, es lo contrario al amor. ¿El encuentro profundo con alguien te lanzó una luz en medio de una crisis? ¿El choque vital con otra persona llena de carisma iluminó tu vida? Estas experiencias de luz se presentan como una resonancia de las cosas dentro de nosotros, como valores y símbolos que hablan dentro de nuestra profundidad. Porque son símbolos, siempre remiten más allá de sí mismos, a otra dimensión, a un inefable percibido por la conciencia. Es una experiencia de centro interior, de totalidad de nuestra vida. Habla dentro de nosotros, nos aconseja, nos apoya.

Siguiendo esta línea nos atrevemos a afirmar que el sentido se descubre en la trascendencia. El ser humano se trasciende cuando se abre al otro, cuando escucha lo que el otro expresa; la persona se realiza con el otro y para el otro: "yo me trasciendo a través del otro". Lo trascendente es, por lo tanto, comunitario: el hombre es un ser de relaciones y en un sentido nunca muere realmente porque siempre queda en la mente de los demás. Nuestra vida quedará presente en la sociedad, en nuestros hijos, en nuestra obra... más aún, nuestra trascendencia como personas va mucho más allá, como dijimos, del grupo con el que interactuamos.

Somos seres concretos e históricos, pero jamás debemos olvidar nuestra apertura infinita, nuestra pasión indomable, nuestra dimensión trascendente. Pero mirando al infinito tampoco podemos olvidar nuestro ser cotidiano, nuestra necesidad de comer, nuestro arraigo a una historia concreta y a una biografía irreductible con sus limitaciones y contradicciones. Lograr avanzar en la vida maniobrando ambas dimensiones es como integramos la totalidad de la naturaleza humana: inmediato–infinito, concreto–abstracto, inmanente–trascendente; y es el juego de ambas dimensiones el que da sentido, dirección y significado a la vida.

Si no buscamos lo imposible jamás conseguiremos lo posible. Los poderes mundiales quieren mantenernos reducidos a lo concreto, a lo inmediato, borraron nuestra verdadera vocación trascendente. Por eso la gran mayoría de la humanidad está homogeneizada en sus gustos, en sus ideas, en su consumo, en sus valores, conforme a un solo tipo de cultura, de música, de comida, de lengua, de modo de producción. Perdidos en la masa nos perdemos a nosotros mismos; extraviados de nuestro centro interno difícilmente encontraremos el significado profundo de nuestro existir.

Existen tres caminos que pueden ayudarte a dar sentido a tu vida. Cada uno de ellos puede ser independiente, pero, sin duda, los tres se enriquecen si están interconectados. También pensamos que visto cada uno de ellos de manera separada pueden ser estadios del proceso a seguir para reconocer tu propia misión y adquirir sentido y significado en tu vida.

El primer camino consiste en el cumplimiento de un deber o la creación de un trabajo: construir un área concreta de aporte social, de contribución grupal y al tiempo de autosustento y desarrollo profesional. Un segundo camino se refiere a la experiencia o al encuentro: experimentar algo en el nivel sensorial y emocional, artístico y cultural, o bien en el encuentro con alguien. Podemos decir que además del trabajo como vía para encontrar sentido, están el arte y el amor. Y un tercer camino, quizás el más importante, es el que transitamos cuando nos enfrentamos a un destino que no podemos cambiar y aun ahí estamos llamados a dar lo mejor, elevándonos por encima de nosotros y creciendo más allá: en una palabra, a través de la trasformación de nosotros mismos.

Puede ser desesperante ver que tu edad avanza y sentir que tus sueños no se están haciendo realidad; este desasosiego se incrementa si piensas que no hiciste nada por concretarlos. Vivir en forma parcial es insatisfactorio pues sofocas tus sueños de felicidad y realización. Es como sentir que el tiempo corre y la vida se te escapa entre las manos.

¿Cuál es tu sueño, aun en los momentos de zozobra? ¿Qué esperanza trasmites a quienes son más jóvenes que tú? ¿Qué visiones del futuro ocupan tu mente? ¿Qué cuidado tienes con lo que te rodea? ¿Qué hermandad proyectas a quienes están cerca de ti? En la medida que te descentres de ti mismo, que te trasciendas dándote a ti mismo, sea al servir a una causa que está más allá de ti o sea amando a otra persona, encuentras la autotrascendencia, esencia de la existencia humana.

También en la medida que asumes con aplomo y actitud lo inevitable de la vida, construyendo donde parecía que no quedaba nada por recuperar, logras dar sentido a lo incomprensible. Alineando tus sueños con tus posibilidades reales y tus valores encontrarás el significado de tu existencia. Lucha por plasmar tu sello personal en la vida: requiere esfuerzo, sin duda, pero reporta infinita satisfacción.

IDEAS PARA VALORAR MI AVANCE

1. Empiezo a ser consciente de la relación que llevo conmigo mismo.
2. Me siento satisfecho de ser quien soy.
3. Hago uso constante de mi capacidad consciente para darme cuenta, entender y elegir.
4. Trabajo por superar la negación, la evasión y la enajenación mediante "darme cuenta".
5. Experimento congruencia y confianza hacia mí mismo y no me autoengaño.
6. Siento un impulso interno que me lleva a cambiar y transformarme.
7. Genero las condiciones necesarias para favorecer mi crecimiento y desarrollar mi potencial.
8. Camino hacia la madurez alineando mis deseos con mis posibilidades reales y mis valores.

9. Asumo mi separación amorosa como una experiencia crucial que me invita a crecer.
10. Acepto con más paz que la vida es compleja y contradictoria.
11. Experimento la responsabilidad y el derecho de vivir de manera libre.
12. Tomo decisiones concretas en mi vida y me hago cargo de sus consecuencias.
13. Cuestiono el sentido de mi vida.
14. Reconozco que salir de mí y trascenderme le da significado a mi existencia.
15. Encuentro paz interior y gusto por mi vida.
16. Soy consciente de que mis decisiones y acciones tienen efectos en la vida de otros, en el presente y en el futuro.
17. Hago planes respecto de mi futuro.
18. Experimento un deseo interno y profundo de ser parte y contribuir en la construcción de "algo más".
19. Deseo que mi paso por la vida deje huella.
20. Elijo mi camino personal usando lo que aprendí a lo largo del recorrido.

CAPÍTULO 9

A manera de cierre...

Cerrando círculos

La vida está para adelante,
nunca para atrás.

La separación y el rompimiento amoroso incluyen dos grandes penas: el dolor que sentimos por todo lo que había y no hay; es decir, por todo lo que terminó, y el que sentimos por todo lo que no termina, esto es, por no poder desprendernos de algunas cosas, de algunos recuerdos, de algunas historias y aventuras compartidas, de varias responsabilidades generadas. Dolor que nos obliga a darnos cuenta de que no todo termina tan rápido ni tan fácilmente, que detrás de un final hay todavía demasiadas cosas por las cuales responsabilizarse, demasiadas vivencias por acomodar en su sitio, demasiados vínculos por redefinir, demasiadas experiencias por capitalizar, demasiados estímulos por procesar, demasiadas ausencias por superar...

El divorcio no es solamente la experiencia de la ausencia, sino mucho más: la experiencia de la presencia de lo ausente; esto es el dolor de lo que está y no solo de lo que falta. Los vínculos no finalizan, se transforman; podemos terminar la relación, pero no se puede extirpar el vínculo. Si alguna vez estuvimos unidos a alguien, parte del otro, de una forma u otra, quedó en nosotros, por eso el vínculo sigue en nuestra alma, más allá de la lejanía del otro. Es necesario entonces que el lugar que ocupa sea lo más amoroso posible, un lugar de paz. Esto no significa rehacer la pareja, sino acomodar pacíficamente la experiencia en el corazón. Justo esto es lo que tus hijos, si los tienes, necesitan: ver a sus padres en paz y que se puedan relacionar con cordialidad.

A estas alturas del recorrido podrás ver todo el camino que transitaste. Echa un vistazo hacia atrás y reconoce el proceso: ¿qué es lo que más disfrutaste? ¿Qué fue lo que más te interesó? ¿Qué etapa te pareció más difícil? ¿Cuál la más dolorosa? ¿Puedes identificar cuántos cambios ocurrieron en ti? ¿Sientes que lograste un avance emocional? ¿Cómo te sientes respecto de la transformación que viviste? ¡Trabajaste duro! Dejar atrás a un compañero de vida es quizás más difícil que no haberlo tenido nunca; por eso mucha gente se da por vencida antes de terminar el proceso de recuperación. Lo que implica este recorrido solo lo perciben los pocos que logran transitar todo el camino.

Acercándote al final del trayecto podrás ver que nada garantiza la felicidad total; sin embargo, tenemos la certeza de que la concienzuda revisión de estas páginas te habrá brindado la posibilidad de sentirte mejor contigo mismo, de encontrar mayor paz estando solo, de descubrir opciones de vida estimulantes y de reconocer recursos propios para llevarlas a cabo. También pensamos que vivir este proceso te dispone a abrir la posibilidad de generar encuentros significativos con otras personas: amistosos, eróticos y amorosos.

El camino completo de *Comenzar de nuevo* lo realiza poca gente, no todos llegan al final. Por ello quizás te sientas solo tras haber realizado un esfuerzo tan grande. Y es que al principio de tu separación podías rodearte de multitudes que hoy sin duda te resultarán poco estimulantes y escasamente enriquecedoras. Uno de los costos de crecer es hacerse selectivo y gustar de menos cosas, de menos relaciones, aunque de mejor calidad. Esta selectividad te permitirá disfrutar más de la profundidad y significado de tus decisiones y de tus encuentros.

Puedes también desanimarte un poco cuando sientas que los viejos patrones que creías haber vencido regresan y que no cambiaste tanto como lo imaginabas. Quizás retorne el temor al futuro. Todo esto es normal. Recuerda el miedo que sentías cuando iniciaste el camino, tal vez te paralizaba, tal vez te hacía reaccionar de modo poco constructivo para ti y para los demás. Ninguno de estos "tropezones" ha de impedirte reconocer los pasos que diste, porque en pocas situaciones de la vida es tan clara la experiencia de proceso como en el momento de vivir un duelo por separación o divorcio. Esto no significa que hayas olvidado los costos de la decisión tomada ni despreciado lo que ya no está, sino que tengas conciencia de lo que dejó en ti ese pasado y agradezcas a la vida haberlo vivido el tiempo que duró. No podrás nunca hacer desaparecer la cicatriz de un rompimiento amoroso, no gastes tu energía en eso, se trata de saber que la cicatriz está, acariciarla y ver que poco a poco deja de doler.

Sin duda el paso del tiempo puede llevarte a sentir nostalgia, esto es señal de tu avance pues significa que ya estás capacitado para reconocer los costos de toda separación. Si vuelve a acosarte la culpa o la sensación de rechazo, visualiza cómo estabas antes del rompimiento y constata que no quieres volver a ese lugar; no volverás a atravesar el arduo camino transitado. Es momento de echar a andar lo que quieres realmente: dejar de vivir en el pasado para disfrutar el presente y planear el futuro. Hoy es momento de ir cerrando círculos para abrir nuevas puertas y, ahora sí, *comenzar de nuevo*.

Te amé mucho y fue hermoso el tiempo que duró;
lo que te entregué, lo que compartí, lo hice con amor...
Con amor también recibí infinidad de momentos contigo,
mucho de lo que tengo y lo que soy me lo diste tú, gracias
(gracias también por hacerme mamá/papá y por nuestros hijos)...
Hoy te entrego muchas de tus promesas, no me pertenecen.
También me llevó lo que te prometí y que ya no te pertenece más.
Asumo la parte de responsabilidad que me toca por lo
que nos salió bien y también por lo que no supimos hacer.
Lo nuestro termina aquí, pero no dejaré de honrar todo
[lo que construimos.
(siempre seré madre/ padre de nuestros hijos).
En paz me retiro y esa misma paz te deseo para continuar.

Habiendo aceptado esto, confiamos en que tienes los recursos para atravesar el duelo y acomodar de manera amorosa y constructiva lo que queda del vínculo amoroso que tuviste. Acompañamos a muchas personas a recorrer esta travesía y nos sentimos satisfechos de verlos resurgir del dolor y crear una nueva vida rica y estimulante. Pensamos que, si bien hay que pagar ciertos costos durante el recorrido, hay costos innecesarios que se pueden evitar. A veces el desgaste puede llevarte a vivir el proceso con demasiada pena, quizás enfermedades psicosomáticas y dolores emocionales estancados.

Si sientes extremo desánimo y ganas de claudicar; si crees que la vida te rebasa y que no lograrás atravesar el proceso;

si te sientes especialmente irritado y cansado; si reaccionas de manera inoportuna y generando resultados adversos con la gente cercana, incluso con tu ex; si te sientes continuamente deprimido... ¡No dejes de consultar a un especialista!

Como psicoterapeutas estamos convencidos de que crecemos en la relación con los demás, sin la ayuda de otros difícilmente podríamos llegar a ser nosotros mismos. Todos en algún momento de nuestra vida necesitamos el apoyo de alguien y gracias a ese alguien fuimos capaces de resolver problemas, superar conflictos y lograr objetivos. Los retos de la vida actual son particularmente desafiantes y el proceso concreto que recorres tras un rompimiento amoroso requiere cuidados especiales. Por eso vale la pena reconocer que hay ocasiones en que una consulta a tiempo o un proceso psicoterapéutico oportuno puede facilitar tu travesía, aminorar los costos, hacer eficiente tu esfuerzo y agilizar tu recuperación.

La psicoterapia o la consulta psicológica no son sinónimos de fracaso, menos aún de enfermedad mental. Los apoyos terapéuticos facilitan encontrar respuestas creativas a la situación que estás viviendo. En momentos de crisis se reactivan los viejos mecanismos de respuesta que ciertamente ya no corresponden a los eventos que hoy enfrentas.

Aplicar soluciones viejas a nuevos problemas esperando resultados diferentes es la antesala del auténtico fracaso. En este momento una mirada diferente puede ayudarte a reactivar tus recursos internos y dar respuestas creativas y eficaces a tu situación. Date la oportunidad, si te sientes estancado, de agilizar tu proceso acompañándote de un profesional.

Cuidando a nuestros hijos

No sé bien si el primer derecho
de un ser humano es vivir o pertenecer.
Lo que sí sé es que no existen
el uno sin el otro.
ALBERTO ROMERO

La pertenencia da fuerza al ser humano. Si al reflexionar respecto de la propia existencia pudiéramos sentir la energía de todos nuestros antepasados (padres, abuelos, bisabuelos) nuestra historia sería distinta. La pertenencia es un instinto en la mayoría de los seres vivientes; en los humanos, además, es una necesidad, sobre todo cuando se refiere al vínculo familiar.

Podemos hablar de ruptura matrimonial, pero no de ruptura familiar. Tras un rompimiento amoroso, si hay hijos, la relación familiar solo se transforma, ya que el vínculo familiar nunca termina. Manejar bien esta transformación es una faena difícil: al finalizar la vida matrimonial la persona recupera casi en su totalidad los atributos de la soltería, pero la paternidad resulta incuestionable, aunque el matrimonio se deshaga.

Tener hijos nunca es una decisión sencilla; no es solo cuestión de capacidad para realizar una buena crianza. Los hijos traen gozo y satisfacción, pero no dejan de ser un desafío, más cuando la pareja se separa y requiere crear un nuevo modelo de familia que asegure la satisfacción de las necesidades físicas, afectivas y sociales de los pequeños.

Si bien el propósito de este libro no es el manejo de los hijos durante y después de una separación, una de las maneras más eficaces para cerrar el círculo en un rompimiento de pareja es hallar la forma de mantener el bienestar de los hijos. Por eso no podemos pasar este tema sin hacer mención de algunos puntos que nos parecen esenciales. Si tienes hijos, no eches estos párrafos en saco roto, pues sabemos que a ti y a ellos les serán de gran utilidad.

Parte central del éxito de un divorcio es lograr la seguridad y estabilidad de los hijos, en caso de que los haya. Casi podríamos afirmar que una pareja que tras un rompimiento logra convertirse en un equipo de padres colaborador y eficiente tiene altas posibilidades de rehacer su vida exitosamente. Tú como padre representas para tus hijos confianza, amor, seguridad, lealtad y muchas más cosas; por eso ellos están dispuestos a entregarlo todo por ti. ¿Notaste en conductas concretas que tus hijos quieren procurarte bienestar y tranquilidad? Por ello es imperioso que estés muy atento para asumir bien tu papel de padre y no cargarlos con responsabilidades que nos les competen.

Te compartimos algunas de las cosas que más dañan a los hijos de padres divorciados. Recapacita cada punto, pues estás a tiempo de hacer algo al respecto desde la reflexión y la paz.

1. Involucrarlos en los problemas de los padres.
2. Hacerlos formar parte de los pleitos legales.
3. Usarlos como mensajeros.
4. Darles falsas esperanzas de reconciliación matrimonial.
5. Usarlos como elemento de venganza o chantaje.
6. Forzarlos a tomar partido.

7. Obstaculizarles o impedirles la relación con uno de los padres.[3]
8. Evitar escucharlos.
9. Hacerlos sentirse culpables.
10. Convertirlos en "papás" de sus propios padres.

¿Te ves reflejado en alguna de estas actitudes?

Dada la experiencia, observamos que muchos de los hijos de padres divorciados cargan con efectos innecesarios en sus vidas por el mal manejo de la separación. Tras el rompimiento de sus padres, los hijos atravesarán su propio e inevitable proceso de duelo; el adecuado manejo hará que dicho recorrido se limite a lo necesario y no a conductas que les competen a los adultos.

Lo que más daño causa a los hijos no es el divorcio en sí mismo, sino que sus padres no se respeten entre ellos. Después de un rompimiento amoroso es tentador utilizar a los hijos para seguir peleando; es común en esta batalla querer demostrarles a los niños que su padre o madre es irresponsable o poco competente. Esta no es la manera de ganar su confianza y validación, menos aún para ponerlos a tu favor.

Otro error común en esta travesía es negar la posibilidad de encuentro de uno de los padres con sus hijos. ¿No será suficiente con los sentimientos encontrados que experimentan los hijos por no vivir más con uno de sus papás? ¡No digamos

---

[3] *N. del E.* Para profundizar en este tema, recomiendo *Con el alma rota. El síndrome de Alienación Parental*, de Juan Carlos Martín Colea (Norma). Una obra en la que el autor narra su propia experiencia al verse impedido de ver a sus hijas después del divorcio.

las implicaciones que tiene el hecho de que los padres se peleen para ver quién de los dos se queda con ellos!

Es probable que durante la separación, sobre todo al principio, hayas estado envuelto en tu propio trama: luchando por superar los fuertes sentimientos producto de tu rompimiento. En tu lucha interna pudo ser que el tema del cariño de tus hijos se haya convertido en una especie de trofeo que demostraba tu victoria sobre tu ex. ¿Puedes ver que esta manera de manejarte desató una batalla secreta, a veces inconsciente, pero en ocasiones propositiva, para demostrar que eras tú quien estaba bien? Vale la pena, sea cual sea la etapa que atraviesas en la relación con tus hijos, reconocer que la escalada del enojo puede irse al infinito si tu intención es tener a los hijos de tu lado induciéndolos a tomar partido por ti para derrotar a tu ex.

Es común también que los hijos de padres separados alberguen el mágico pensamiento de resolver la problemática de sus padres y que se sientan impotentes y culpables si no lo logran. En ocasiones pueden, incluso, sentir que ellos provocaron las peleas entre sus padres. ¿Cómo explicarles que ellos son los menos responsables de lo que ocurre en la pareja?, ¿cómo trasmitirles que sus papás no se separaron por su causa? Ayudar a tus hijos a reconocer que ellos no son responsables de tus asuntos de pareja los situará en el lugar que les corresponde y permitirá que transiten con menor sufrimiento tu separación.

Si te identificas con las actitudes que mencionamos, es necesario decirte que tales posturas son más dañinas para tus hijos que el divorcio en sí mismo. Lo que tus hijos necesitan hoy, más que regresar a la familia nuclear que no funcionó, es una relación cordial entre ambos progenitores, así como la creación de un equipo de padres eficiente en la satisfacción de sus necesidades y en el acompañamiento a lo largo de su vida.

Pueden dejar de ser pareja, pero serán padres "hasta que la muerte los separe". Sin duda no querrás que tus hijos te dejen de querer y tampoco que te vean como el villano, si es que tú tomaste la decisión de la separación, pero habrá que sostener el malestar inevitable que produce en tus hijos el divorcio el tiempo necesario para que ellos acomoden su propia pérdida. Es central que aceptes que se deprimirán, lo negarán y se enojarán, y a pesar de estas normales reacciones y de un probable distanciamiento con ellos, debes confiar en que el vínculo paternal es indisoluble y que este periodo es necesario para, en un futuro corto, actualizar y solidificar tu relación con ellos.

La pérdida, la soledad y el desamparo inevitables que experimenten tus hijos tras tu rompimiento, lo expresen o no, pueden ser incontenibles si además tú y tu ex se disputan su amor. Quizás estás tan centrado en tu pena y en tus pleitos que no te das cuenta de lo mucho que los lastimas sosteniendo esta competencia. ¿Cómo hacerles sentir a tus hijos que, si bien perdieron un tipo de familia, eso no significa que perderán la relación con sus padres? ¿Cómo asimilar que tus hijos necesitan tanto a su papá como a su mamá más allá de los defectos y limitaciones de ambos? Realiza el trabajo necesario para aceptar las limitaciones de tu ex y toma lo que realmente ofrece, esto te permitirá mostrarles a tus hijos el padre que cada uno es e invitarlos a que tomen de ustedes lo que justo por sus diferentes capacidades y recursos pueden darles.

Parece paradójico afirmar que el mejor camino para lograr que los hijos se acerquen a ti es dejar de odiar a tu ex. Ningún hijo tolera a las personas que no quieren a sus padres, ¡qué difícil que esa persona seas tú! Quizás te preguntas cómo puedes dejar de odiar a tu ex y cómo dejar de sentir lo que sientes. Si te tomas en serio la escalada que te presentamos en este libro y la recorres cuantas veces requieras, sin duda acomodarás tu separación atravesando el duelo y reactivando tu vida. El proceso que te presenta *Comenzar de nuevo* te facilitará reconocer a tu ex como un ser humano limitado, como lo somos todos, permitiendo que el odio y el malestar vayan atenuándose para dejar que fluya la aceptación y el amor. Será entonces que tus hijos volverán a sentir tu presencia y se acercarán.

Sin duda a corto plazo es más fácil culpar a otro de la distancia que probablemente se generó con tus hijos que cuestionar cuál es la conducta o actitud propia que los está alejando. Pero, por favor, recuerda que la relación con tus hijos mejorará cuando logres la aceptación de tu rompimiento y el reconocimiento del lugar que ocupó y ocupa tu ex en tu vida. De este modo superarás el resentimiento y la culpa que te genera la separación.

Confiamos en que estas palabras te hagan reflexionar acerca del lugar que estás dispuesto a ocupar en la vida de tus hijos. No se trata de que te conviertas en el padre "estrella" y que te niegues a ti mismo o trunques tus proyectos por tus hijos, pero sí que te coloques como figura necesaria y presente ante quienes te requieren para crecer en la confianza y pertenencia familiar.

Es difícil ser una buena madre si no respetas al hombre que te hizo mamá. Es difícil ser un buen padre si no respetas a la mujer que te hizo papá. De manera particular, si eres mujer y fuiste víctima de abusos, no dejes que el dolor y la ira te lleven a tomar decisiones erróneas. Hay mujeres que quieren convencer a sus hijos de que no necesitan un padre, por lo que devalúan el valor de la paternidad y de la masculinidad, orillando a los hijos a una renuncia de padre y a la tristeza profunda.

Analicemos este caso: Rebeca fue a terapia con Cecilia, su hija de 15 años, que solía tener problemas en la piel. Si bien esta situación era tratada dermatológicamente, los médicos sospechaban de un componente emocional.

Rebeca hablaba por Cecilia la mayor parte del tiempo; la chica contestaba casi a todo "no sé". Al ver a Cecilia por separado y ya que ella pudo expresar con un poco más de confianza sus sentimientos, quedó claro que una preocupación importante era que no veía a su papá desde hacía un año. Este había perdido contacto ("desapareció") sin que ella entendiera por qué. Cuando lo hablaba con la mamá, ella le explicaba que seguramente era por razones de dinero. Para Cecilia la explicación no tenía sentido porque había vivido, incluso, dos años con su papá y no le parecía que ese fuera un problema, pero no se atrevía a cuestionar la versión de su mamá. Después de todo, ante el abandono de padre, temía perder el cariño de su madre. La piel de Ceci hablaba de lo que ella no podía.

En otra sesión hablamos con la mamá por separado y le explicamos que la ausencia del padre era parte de la angustia de Ceci. En ese momento le sugerimos buscarlo y explicarle el daño que le hacía a la niña. La mamá se opuso argumentando que mientras él no fuera responsable por la pensión, no tenía derecho a verla; que él había sido un irresponsable y que no se "merecía" tener una relación con su hija.

En esta explicación de la madre quedan claras varias cosas: la madre está enojada con el padre, y este enojo lo pone por encima de los deseos y necesidades de la hija, como si solo necesitara el dinero del padre. La madre deja en claro que ella quiere la terapia para que la hija "¡aprenda a vivir sin él". Este enojo y resentimiento es el signo de una mala separación que no resolvió el pasado. El dinero suele ser un argumento para determinar la cercanía o no de un padre, pero esto limita su papel al de proveedor. Algunos hijos no pueden expresar lo que realmente quieren porque tienen miedo de perder el cariño del padre con el que viven.

El tamaño del resentimiento, los síntomas de la niña, ejemplifican un caso en el que los padres no terminan de separarse de manera respetuosa y honrando su historia, independientemente de los errores de ambos, lo que, como planteamos aquí, es fundamental para el nuevo comienzo. Y en este caso queda claro cómo, además, esta conducta daña a los hijos.

Finalmente, la madre accedió a la localización del padre y tuvimos una sesión con él. Explicó que, justamente, se había alejado porque estaba desempleado y pensaba aparecerse cuando pudiera aportar la pensión. No quería poner a Ceci en un predicamento con su madre, que le decía que le ocultara información al padre. También le hicimos notar los efectos de su alejamiento en la seguridad de Ceci y la sensación de no ser querida que ella tenía. Esto él no lo veía; tristemente, también se consideraba solo un proveedor económico.

Como hombre no permitas que tu resentimiento te haga deslindarte por completo de tu responsabilidad material y tampoco de tu derecho de ser proveedor emocional. Por mala que haya sido tu relación con la madre de tus hijos nada justifica esta conducta. Tampoco tus limitaciones económicas pueden ser razón para que condicionen tu contacto con ellos, confiando en que tu esfuerzo y tu deseo sea proveer a tus hijos de lo que necesitan para estar bien.

En un extremo contrario, el tema de los hijos puede preocuparte tanto que en ocasiones la angustia te impida tomar las mejores decisiones. Esto puede impulsar a tus hijos no solo a alejarse físicamente sino emocionalmente también. Recuerda que la angustia y el miedo exagerado nunca son buenos consejeros. La sobreprotección también es una falta de respeto para tus hijos.

Hoy tu reto como padre es lograr la copaternidad responsable, que te ayudará a conservar el orden familiar y el contacto emocional con tus hijos. Esto les proporciona el sentido de pertenencia y seguridad que requieren. La copaternidad no es una opción, ni siquiera cuando hubo violencia física y psicológica en la relación. No es fácil, pero lograrás construirla si entiendes que para tu hijo ambos padres son igualmente necesarios e importantes.

El cambio de vida puede causarte temor en el futuro de la relación con tus hijos. Dudar respecto de cómo acercarte, qué hacer con ellos o cómo continuar la relación puede atormentarte y distanciarte de ellos, incluso hacerte perder la relación. Algunas de las preguntas más comunes entre quienes ya estuvieron en esta situación son las siguientes:

- ¿Podré ver a mis hijos cuando yo quiera?
- ¿Me recordarán o me irán olvidando?
- ¿Se sentirán cómodos en mi nuevo departamento?
- ¿Me guardarán rencor?, ¿pensarán que yo soy el culpable?
- ¿Se aburrirán cuando estén solos conmigo?
- ¿Qué haré si enferman cuando estén conmigo?
- ¿De qué hablaremos cuando estemos juntos?

A veces este sentimiento es mayor si eres hombre y tú eres quien deja la casa familiar. Sin duda, sea cual sea tu posición, la separación genera un cambio fuerte en la estructura familiar, lo que transforma también el vínculo de ambos excónyuges con los hijos. Esta transformación no tiene por qué ser en detrimento del vínculo afectivo, menos aún si logran un equipo de padres. Ten la certeza de que después de un periodo de ajuste, y tomando en cuenta lo que mencionamos podrás generar una relación renovada con tus hijos.

Muchas personas separadas, después de un tiempo, reportan que tras reacomodar su estructura familiar lograron un nivel de comunicación nunca antes alcanzado con sus hijos, principalmente con los adolescentes. Sin duda, en la separación, la pérdida es muy grande, pero también puedes llegar a nuevas etapas en las que logres demostrar un amor hacia tus hijos que quizás se encontraba oculto.

Te invitamos a que continúes con la lectura para entender el proceso que tus hijos atraviesan y te dispongas a acompañarlos desde su necesidad. Van algunos puntos que vale la pena considerar:

1. *Detecta si alguien discrimina a tu hijo.* En algunas comunidades aún hay un estigma sobre los hijos de divorciados. Ayuda a tus hijos a crear círculos de amigos con quienes jugar y platicar. Aquí abuelos, tíos y primos pueden ser de gran apoyo. Las actividades extraescolares vespertinas pueden ayudarte también para que socialicen, se sientan protegidos y creen redes infantiles de apoyo.
2. *Fomenta que tus hijos transiten su propio duelo.* La separación de sus padres es una pérdida importante. Lo que más les sirve para salir bien librados de esta etapa es la posibilidad

de reconocer sus sentimientos, con tu ayuda, y aceptarlos. ¡Ojo!, es fácil que involucres tus propias emociones y culpas en lugar de permitir que los niños expresen sus propios sentimientos.

3. *Evita negar su enojo.* Tus hijos pueden estar muy enojados y sufrir un cambio en su estilo de vida. Cuando ellos empiecen a expresar su enojo estarás tentado a eliminarlo negándolo o minimizándolo. Cuando se enojen no les retires tu amor, necesitarás encontrar energía adicional para escuchar y aceptar su enojo, así como para disciplinarlos adecuadamente para evitar que se vuelvan agresivos y berrinchudos.
4. *Educa con el ejemplo.* Al igual que con todos los demás sentimientos, tu ejemplo servirá para que el niño recorra su duelo. Comprometerte con tu propio proceso puede tener un impacto mucho mayor en tus hijos que "platicar" acerca del duelo.
5. *Fomenta una relación de calidad.* Los hijos en el divorcio abordan el proceso dejando ir el viejo concepto de la familia con dos padres. De repente tienen una familia binuclear: una casa donde viven con el padre que tiene la custodia y otra que visitan regularmente sin vivir ahí. Aun si la custodia es compartida, los niños tienen que enfrentar estilos de vida diferentes. Lo importante es que los niños no tengan que renunciar a una relación de calidad con ambos padres.

Existen tres áreas relacionadas con la autoaceptación que generan problemas para los niños: a) tus hijos seguirán fantaseando con la idea de sus padres se vuelvan a juntar. Esto conlleva gran inversión emocional. Necesitas recordarles constantemente la realidad para que no sigan invirtiendo en esta fantasía; b) tus hijos creen que ellos hicieron algo que provocó el rompimiento de los padres. Tienes que ayudarles a entender que la separación no fue por su culpa y que el divorcio es un problema de los adultos; c) tus hijos quizás temen que ahora que perdieron a uno de sus padres pierdan al otro también. Necesitas hacerles saber una y otra vez que los padres no se irán. Los padres se divorcian, pero no de sus hijos.

Los pequeños también tienen sus propios lastres. Si hay un padrastro o madrastra podrán replicar con ellos los problemas de conducta vividos con sus padres, además del reto propio de esa nueva relación. Lo mismo les puede ocurrir con los maestros y con otros adultos. Esto no cambiará hasta que transiten esas emociones, las distingan y aprendan nuevas maneras de relacionarse con los adultos.

El concepto del terminado/terminador tiene complicaciones interesantes para los niños en el divorcio. Ellos necesitan darse cuenta de que ellos no tienen la culpa del divorcio de sus padres (terminadores) y que ellos no están siendo rechazados (terminados). Con frecuencia los niños están enojados con la pareja que tomó la decisión de irse: culpan al terminador del rompimiento para desquitar su dolor y frustración. Les cuesta ver que terminador y terminado no son tan distintos, ya que ambos contribuyeron a finalizar la relación, solo que de distintas maneras. Es importante que te involucres para facilitarles esta comprensión sin cargarlos emocionalmente y sin desacreditar a tu ex.

Cuando cambia la estructura familiar los chicos también enfrentan la soledad y necesitan elaborarla. De alguna manera deben aprender a ser individuos, a estar solos, a ser independientes de los padres. Al igual que tú, tus hijos crecerán si desarrollan un concepto sano de la soledad. Para esto debes darles la seguridad de que tienen los recursos en su interior para pasar tiempo a solas, dependiendo de su edad claro, sin que esto implique un descuido hacia ellos. En la medida en la que tú sepas elaborar y transitar exitosamente tu propia soledad, tus hijos estarán en condiciones de aprenderlo.

Los chicos requieren, además, al igual que tú, recuperar la confianza. Será un reto mayor para ellos si nunca supieron ni entendieron lo que pasaba con ustedes durante el proceso de separación. No se puede engañar a los hijos, son mucho más listos y preceptivos de lo que pensamos. También son más fuertes de lo que creemos y pueden manejar situaciones difíciles si hay una comunicación directa con sus papás. No es necesario que platiques cosas innecesarias y detalladas con ellos, pero de nada sirve esconderles la situación que atraviesas pues eso generará en ellos más desconfianza e inseguridad. Los hijos pueden sentirse menos *queribles* cuando sus padres se separan y así mermar su autoestima. Tu proceso de separación puede limitarte en la capacidad de expresar el amor que les tienes a tus hijos. Ser consciente de esto te facilitará conversaciones honestas con ellos acerca de lo que pasa y lo que sientes, y así asegurarles que son profundamente amados por papá y por mamá.

Concluimos el tema de tus hijos con un decálogo para ejercer de mejor forma tu paternidad:

1. Un padre está presente cuando escucha sin juzgar, sin impacientarse. Cuando habla de sí mismo, de sus vivencias y sentimientos, de sus proyectos y sus sueños, de sus necesidades y fortalezas, de sus aptitudes y sus limitaciones.

2. Un padre es cercano cuando encuentra tiempo para acompañar a su hijo en momentos graves o leves de su vida: peleas, derrotas, victorias, visitas al médico…
3. Un padre es responsable cuando se permite reflexionar acerca de su propia paternidad, cuando se pregunta respecto de sus sentimientos y acepta las emociones que el vínculo con su hijo le genera: confusión, fobia y otras más.
4. Un padre facilita la autonomía de su hijo cuando acepta sus elecciones, siempre y cuando ellas no violen valores y principios vinculados con el respeto a la vida, la paz y la convivencia.
5. Un padre es respetuoso cuando actúa aceptando y defendiendo la diversidad de sus hijos, cuando convive con esas diferencias y no contra ellas, cuando no se aprovecha de su vulnerabilidad en aras de su "buena educación".
6. Un padre es paciente cuando sabe mirar a su hijo con curiosidad para entenderlo, reconoce sus errores y sus virtudes y espera el momento oportuno para intervenir constructivamente.
7. Un padre alegre reconoce lo que desea, lo que le interesa y lo que valora. La alegría le hace estar comprometido con la vida, con su propio desarrollo y le permite transmitir a su hijo la dicha de crecer y vivir.
8. Un padre es íntegro cuando puede decirle a su hijo "no sé", "no puedo", "me da miedo", "estoy confundido", "estoy triste". La aceptación de sus partes débiles le permite mostrarse en su totalidad.
9. Un padre es afectuoso cuando tiene la capacidad de conectarse emocionalmente con su hijo, de escucharlo, de empatizar con él, de devolverle su cariño con palabras, con gestos, con acciones.

10. Un padre es amoroso cuando su amor tiene 4 letras A:

- Capacidad de poner **A**tención en su hijo, mirarlo, fijarse en él, estar al pendiente.
- Cuando **A**cepta y honra lo que mira en él y lo ve como es y no como quisiera que fuera.
- **A**precia a su hijo pues reconoce sus capacidades y sus logros, valora su persona y se lo hace saber.
- Y, por último, con atención, aceptación y aprecio por él, le demuestra su **A**fecto mediante manifestaciones tiernas, palabras, cariños y caricias, que confirman en el hijo que eso que su padre le manifiesta es amor.

La paternidad es un camino de ida, es para siempre... Con cada hijo puedes construir una relación única, que crece y se recrea cada día. La separación no coarta tu misión de preservar el vínculo amoroso con tu hijo: es tu derecho y tu responsabilidad.

De hombres y mujeres...

Cada vez que te encuentres del lado de la mayoría, es tiempo de hacer una pausa y reflexionar.
MARK TWAIN

Llamamos género al conjunto de ideas y valoraciones que se construyen socialmente acerca de lo que es ser un hombre y una mujer. Sabemos que el sexo biológico no determina el desarrollo de las personas en cuanto a comportamientos, estilos de vida ni características de personalidad, sino que todo está subordinado al género, es decir a la cultura y a la sociedad. Así, dependiendo de los distintos momentos históricos, surgen planteamientos sociales, políticos y económicos que generan estereotipos femeninos y masculinos. Estos estereotipos señalan lo que es propio y correcto para hombres y mujeres.

Algo que señala el tema de género y que fue sujeto de múltiples estudios y discusiones son los privilegios masculinos que vienen desde tiempos inmemorables. Para muestra podemos citar el libro del Génesis en el que Dios le dice a la mujer después de que el hombre comió del árbol prohibido: "Multiplicaré tu sufrimiento en los embarazos", "Con dolor darás a luz a tus hijos", "Necesitarás a tu hombre y él te dominará". ¡Imagínate lo complicado que puede ser liberarnos de sentencias bíblicas divinas! Estas ideas nos acompañaron por generaciones, promoviendo el control y dominio de los hombres sobre las mujeres.

Las diferencias de género se establecieron desde un criterio de superioridad/inferioridad, por lo que los hombres gozan de los privilegios que les da la cultura patriarcal. En la actualidad siguen existiendo refranes machistas que no ayudan a vivir la equidad: "La mujer como la escopeta: cargada y en el rincón", "A las mujeres, ni todo el amor ni todo el dinero".

La inequidad entre hombres y mujeres puede visualizarse fácilmente con el ejemplo de una cancha de futbol donde la portería de los hombres solo mide 3 metros y la de las mujeres 30, por lo que será mucho más fácil meterles gol a las mujeres mientras será extremadamente difícil anotárselo a los hombres. Si seguimos con esta metáfora podemos afirmar que "las porterías" de hombres y mujeres en la vida no son, ni fueron, iguales para hombre y mujeres: las mujeres vivieron en condiciones de sumisión, control y dependencia, por lo que quedaron al margen de muchos privilegios sexuales, sociales, familiares y económicos cuyos beneficiarios fueron los hombres.

Para *comenzar de nuevo* es importante que asumas una visión sensible ante el género; esta te permitirá agudizar una mirada que distinga los diferentes procesos que viven hombres y mujeres tras un rompimiento amoroso. Si tomas consciencia de la inequidad que existe de base y reconoces las creencias que tienes respecto de cómo deben ser los hombres y las mujeres después de una separación, detectarás premisas que afectan tu vida, tus deseos, tus conductas y que limitan tu desarrollo personal y relacional.

Los privilegios masculinos hacen que en las relaciones entre solteros muchas veces se beneficien los hombres y salgan perjudicadas las mujeres. Cuando un hombre se separa, las mujeres cercanas tienden a cuidarlo, apoyarlo y buscarle pareja. En el caso de una mujer esto es menos común: pocos hombres a su alrededor buscan acompañarla en el proceso, menos aún presentarle otros hombres, por lo que ella se ve limitada al cuidado de sus amigas y familiares. Quizás piensas que estas diferencias son naturales e incuestionables; cabe aclarar que los mecanismos del proceso de socialización establecen reglas de comportamiento que normalizan el hecho de que los hombres tengan mayores privilegios que las mujeres.

Muchas mujeres divorciadas se quejan y preguntan: ¿dónde están los hombres? Este es un cuestionamiento interesante, ya que en México hay 2.2 mujeres divorciadas por cada hombre. Este dato refleja otra vez las prerrogativas masculinas: no es mal visto, incluso es valorado, que un hombre salga con mujeres mucho más jóvenes que él, por lo que muchos hombres divorciados se relacionan con mujeres menores que ellos, en muchos casos solteras, en lugar de hacerlo con las divorciadas de su edad. Esto provoca que muchas mujeres que buscan hombres contemporáneos o mayores que ellas no los encuentren porque están casados con parejas más jóvenes o están muertos. Una de las posibles soluciones a este dilema sería que las mujeres también busquen hombres menores que ellas como pareja, hecho que empieza a ocurrir cada vez con más regularidad.

Otra diferencia de género que produce disparidad en la actualidad es que las mujeres en general, como efecto de la cultura patriarcal, requieren enamorarse de hombres que las "superen" y que por lo tanto ellas "admiren" desde un lugar de cierta inferioridad. El enamoramiento "admirativo" requiere también evolucionar, pues en este caso son las mujeres quienes necesitan poner a "su hombre" en un pedestal. Cabe mencionar que hoy menos que nunca las mujeres encuentran hombres que merezcan su admiración: los privilegios milenarios de los hombres limitaron su crecimiento personal, por lo que muchos de ellos ni maduraron ni piden ayuda para hacerlo. Es común observar que la prepotencia masculina vuelve a los hombres no solo incompetentes sino impotentes también, en suma, poco atractivos para las mujeres de hoy.

Los hombres también sufren los efectos negativos de la inequidad patriarcal. Muchos de ellos después de divorciarse ya no quieren volver a casarse pues temen seguir siendo los únicos proveedores del nuevo hogar y rehúyen tener que mantener a otra pareja y quizás a otra familia.

Para poder desafiar roles de género inoperantes hemos de entender cómo se construyeron: a las niñas desde pequeñas se les refuerza la expresión de los sentimientos, la importancia de las relaciones interpersonales, el cuidado de los otros y las actitudes de dependencia; así, ser una buena mujer consiste en ayudar a otros más que ver por sí mismas. A diferencia de los hombres para quien el trabajo y la familia son complementarios, para la mujer la profesión y el hogar son dos áreas en contraposición y con frecuencia en conflicto.

Muchas mujeres se miden en términos de lo que dan, sin importar si esto implica sacrificarse o depender. Su función de agradar y cuidar al hombre se ve constantemente reforzada por mensajes familiares y culturales. Su obligación es conservar la familia a cualquier costo. Su vida se centra en engrandecer a otros y no a ella misma, por eso obtienen gratificación ayudando a crecer y a desarrollar a quienes las rodean. Así se convierten en pacificadoras, mediadoras, cuidadoras y protectoras de los demás.

¿Las mujeres mandan? Muchos hombres dicen que sí, y se refieren a que lo hacen en la casa y con los hijos. En contraposición, los hombres ejercen su poder en la relación de pareja, en el manejo del dinero y en las decisiones importantes de los hijos. A diferencia de las mujeres, el hombre se construye por oposición, es decir haciendo todo lo contrario a lo femenino. Evitan cualquier cosa que pueda parecer femenina para librarse de pagar costos altos entre otros hombres.

Desde temprana edad en el núcleo familiar, los hombres aprenden a tener más derechos que las hermanas, a ocupar un lugar de mayor jerarquía y a mandar y a exigir. Muchos hombres viven atrapados entre ser "machos o mandilones". La medida de ser más hombre es tener más poder, controlar e imponer, incluso ejercer conductas violentas que le confirmen que es diferente de la mujer.

Otro dilema masculino es la expresión de los sentimientos. Los hombres, desde pequeños, tienen prohibido expresar miedo, tristeza, ternura y cariño. Estos sentimientos son avalados solo en las mujeres. Desde la primaria aprenden a burlarse y agredir; el objetivo es demostrar quién es más fuerte, más listo y quién logra aglutinar a más niños para mandar, controlar y molestar. Aguantar las agresiones aparentando que no les importa es fundamental: "si *te ardes* o demuestras lo que sientes, estás perdido ya que todo el grupo se irá contra ti". Este entrenamiento vuelve expertos a los hombres en evitar demostrar sus sentimientos: la única expresión válida y reforzada es el enojo.

Para dar salida a sus preocupaciones y afectos hacen uso, en el mejor de los casos, del trabajo; en situaciones menos benévolas utilizan el alcohol, las drogas, los pleitos y las relaciones extramaritales. Si no bebes y no eres mujeriego es que no eres hombre. Otra demanda masculina consiste en ser excelente proveedor para que te perciban como más exitoso; tanto hombres como mujeres admiran y obedecen a hombres más poderosos. Los hombres tienen que ser fuertes, no pueden perder su tiempo en cosas de niños o de mujeres; han de ser los jefes de familia, saber y resolver todo y proteger a su mujer. Lo curioso es que estas premisas generalmente tienen el efecto contrario: enajenarlos y aislarlos de su entorno.

Poner foco en estos estereotipos es fundamental para *comenzar de nuevo*. Parece que hoy el único camino hacia la autonomía, el encuentro y la auténtica conexión es la empatía y la equidad.

De momento, quizás te parezca exagerada esta descripción respecto de las desventajas de las mujeres porque la comparas con generaciones anteriores y piensas que te rodean relaciones más igualitarias en las que las mujeres trabajan y los hombres hacen labores domésticas. Sin embargo, seguramente escuchaste o dijiste frases que expresan los prejuicios que restringen la libertad en las relaciones de ambos géneros: "¿cómo voy a ir sola a una boda?", "si duras mucho sin pareja, van a pensar que eres gay", "ni vayas a salir con Pepe, es más chico que tú", "uy, va a ser difícil que consigas pareja si eres una mujer con ese puesto tan alto", "oye, bájale, a los hombres les gusta sentir que ellos mandan".

¿Solo o acompañado?

No hay un camino más cierto o más
verdadero que otros, pero sí hay modos de transitarlos
que pueden ser una práctica de la tristeza
o una celebración y una fiesta.
LUIS JALFEN

Divorciarse es dejar de apostar en una pareja y, por lo tanto, es una pérdida de una ilusión, de un sueño, de un proyecto: pero no es dejar de apostar por la pareja en general, sobre todo si somos capaces de entender que es importante divorciarse del vínculo más que de la persona. Se renuncia a un tipo de relación, a un amor. Se acepta que lo que hay entre esas dos personas puede ser compañerismo, cariño, amistad, pero no amor de pareja, no erotismo... Esto será lo único que garantice la posibilidad de establecer un vínculo diferente la próxima vez. Conservar lo que sí hay, honrar lo que hubo y ser fiel a la memoria de la relación queriendo y cuidando el amor que existió, agradeciendo lo que se aprendió de aquel amor por doloroso que fuera su deterioro y su final.

Cuando la soledad te presiona inoportunamente y te hace sentir que muchos otros están en pareja menos tú, incluyendo quizás a tu propia expareja, te agobias y vuelve a aparecer la historia del rompimiento haciéndote dudar, temer, tal vez extrañar. La soledad despierta fantasmas temidos y convoca tus viejos miedos recordándote la historia de tus desaciertos. Si quieres salir con alguien, más que para buscar un compañero de ruta, con el fin de aleccionar a tu sensación de soledad y mostrarle que no tiene razón, generarás una relación de "muleta" que te sostenga. En vez de un encuentro amoroso buscarás un antídoto contra la soledad que tarde que temprano asfixiará tus posibilidades de crecimiento. Una relación así se encamina al fracaso y una nueva frustración se presagia inevitable: nadie ni nada puede borrar las huellas de los caminos dolorosos de tu vida.

Dijimos que el reencuentro con el amor requiere de un reencuentro amoroso contigo mismo. Primero se requiere vivir un rato con el corazón roto para luego poderte abrir a la vida. ¿Viste gente que elige estar sola en vez de acudir a lugares donde hay mucha gente? Ellos buscan tiempo para estar solos como manera de invertir en ellos mismos. A esto se le llama la etapa de la soltería. Muchas personas nunca aprendieron a ser individuos antes de casarse, pasaron de la casa de los padres al matrimonio. Pareciera que la separación y el divorcio es la primera oportunidad para adueñarse de sí mismos.

Insistimos en que se puede ser feliz viviendo como soltero. Casi queremos invitar a quienes estén en esta etapa de vida que se unan a la intención de derrocar el mito de que la realización personal solo se logra en pareja. Vivimos en un mundo que privilegia las relaciones amorosas, no es nuestra intención minimizar la riqueza de las mismas ni matizar el efecto positivo que genera entre los amantes. Creemos en la pareja, estamos a favor de ella, trabajamos por la construcción de mejores relaciones amorosas, pero lo que no avalamos es privilegiar la vida de pareja como un "mejor" modo de estar en el mundo por encima de la vida en soltería. Cada etapa tiene su momento, cada situación tiene sus ventajas y sus privilegios. La gente soltera no puede ser considerada ciudadano de segunda, por más que muchos se atemoricen de la autonomía y fuerza que está cobrando este colectivo como parte de la sociedad actual.

Si bien vivir solo implica aprender a ser autosuficiente aun en las cosas prácticas de la vida que alguien te resolvía anteriormente, la soltería asumida y disfrutada es mucho más que eso: es todo un estilo de vida. Un comentario típico de alguien recién separado podría ser "necesito a alguien, no puedo solo". En una etapa posterior, tras haber atravesado los primeros estadios del rompimiento, la misma persona podría decir: "para qué casarme de nuevo, puedo moverme a mi aire, comer lo que quiera, no tengo que adaptar mis hábitos a otra persona, me gusta este estado y este estilo de vida".

Si te encuentras en este punto del proceso seguramente te sentirás a gusto estando solo, no saldrás con alguien simplemente para evitar la sensación de sentirte fracasado.

Descubrirás que aumenta la calidad de las relaciones que entablas ya que escoges con quien salir más que unirte a cualquier plan que se te presente para huir de la soledad. En esta etapa esperas compartir e intercambiar, más que satisfacer huecos; esto se debe a que disfrutas ser quien eres y por lo tanto las relaciones con los demás son verdaderos encuentros humanos. No necesitas al otro como prospecto de pareja ni como salvavidas "antidepresión".

Algo particularmente satisfactorio de esta etapa de soltería consiste en descubrir y desarrollar nuevos intereses propios, más personales. Dejaste de moverte en función de tu cónyuge o de la familia. Esta etapa puede ser tan placentera que tal vez sientas tentación de estancarte en ella; si no trabajaste los problemas de tu pasado matrimonio, te instalarás aquí como estrategia de defensa más que como auténtica elección.

Son muchas las razones erróneas para elegir la soltería: por temor a la intimidad, por evitar sentimientos lastimosos o incómodos, por oposición irracional al matrimonio como si fuera la peor institución de nuestra sociedad, por no volver a sufrir, etcétera. Si te identificas con alguno de estos planteamientos será importante trabajar en ellos para elegir ser soltero o volverte a relacionar desde un lugar de elección y no de reacción. En esta etapa del proceso, con algo de reflexión y discernimiento, puedes superar esos temores y atavismos y vivir tu soltería desde la libertad.

Ser soltero en la actualidad es una opción de vida aceptable. En ciertos contextos aún se privilegia la vida de pareja y más si es matrimonial, como si la "estabilidad" y el orden que de ella deriva generara una sensación de seguridad. Sin embargo, también observamos que se juzga menos severamente a quienes viven solos y así quieren permanecer. Tal vez nos estamos volviendo más respetuosos de las diferencias individuales. Ser solteros no significa desconocer y despreciar la riqueza de la solidaridad y la necesidad de interrelacionarnos, simplemente implica la elección de una vida solo o bien en una relación de pareja poco convencional y sin duda no institucional.

Pero ¿qué hay para quienes desean un encuentro amoroso quizás por vocación a la vida de pareja?, ¿quizás porque llegó el momento del encuentro tras atravesar el duelo? El tipo de vida occidental que tenemos, producto de los avances tecnológicos y científicos, hace de la relación de pareja un deseo más que una necesidad para sobrevivir. Ese deseo tiene sus razones: podríamos afirmar que la mayoría de las personas tenemos una vocación a la vida en dos. No necesariamente a tener hijos, a hacer familia, pero sí a acompañarnos con otro en el tránsito de la vida. La mayoría de los humanos tendemos de forma natural a vivir en pareja, no solo por motivos sexuales o para tener hijos, sino deseando disfrutar un vínculo emocional particular.

¿Te gustaría tener una pareja, un compañero amoroso, un esposo? Tal vez hoy te haces esta pregunta debido a la desorientación que genera la caducidad de algunos modelos de pareja que no responden al mundo actual, a ciertas etapas de la vida o a las necesidades, deseos, intereses y valores de los amantes. En el capítulo del amor hablamos con detenimiento de este tema; te invitamos a que lo vuelvas a leer antes de continuar con estos párrafos. ¿Por qué? Dado que hablar de pareja en la actualidad significa desafiar los convencionalismos sociales, más aún si vas a construir un amor en una segunda o tercera oportunidad.

El amor en un sentido es salir de ti mismo, mirar al otro, a otro. Desarrollar tu capacidad de entrega te ayudará sin duda a superar el duelo de la separación y quizás a encontrar el camino del amor. No es sencillo hablar de entrega tras un divorcio, menos aún si tomas en cuenta que ya no quieres ser lastimado ni deseas cometer viejos errores. Tal vez este cuidado válido hacia tu persona se tradujo en un sin fin de ideas, planes y estrategias para no arriesgar y sufrir. Pero el verdadero encuentro se da desde la curiosidad y cierta espontaneidad; la entrega se logra si transitas conscientemente por el presente tal cual es, sin tener un plan rígido a seguir y sabiendo que requieres arriesgar algo sin que eso te ponga en peligro de verdad.

Una actitud de apertura te permitirá conectarte con una nueva persona para escuchar sin tener expectativas de lo que debería ser o de lo que deberías sentir. Justo desde esta frescura es que empezarás a comunicarte verdaderamente, sin enjuiciar y con la sorpresa de descubrir cómo es el mundo de este nuevo otro: sus inquietudes, sus penas, sus alegrías, sus intereses, sus deseos.

Te toca tomar lo que la vida te esté dando en el presente. Si continúas aferrado a un plan de lo que quieres y de lo que ha de suceder no verás lo que sí hay. Para que empiecen a suceder cosas nuevas e interesantes debes soltar un poco y experimentar. Eso es la entrega, la única que te da la libertad de vivir el momento presente y por lo tanto de ver otras posibilidades y oportunidades que antes pasaban inadvertidas ante ti. No confundas entrega con negligencia o debilidad, esto imposibilita la intimidad mínima requerida para que se dé el encuentro.

En las relaciones amorosas, cuanto más revela uno acerca de las propias sensaciones y pensamientos, más facilita la apertura del otro. La autorrevelación desempeña un papel crucial en el desarrollo de la intimidad. Por lo general las relaciones se construyen mediante un proceso de autorrevelación recíproca: uno se decide y revela cosas íntimas, mostrando así su disposición a arriesgarse; el otro cierra la brecha haciendo lo mismo. Una espiral de autorrevelación permite que las relaciones profundicen.

Confía en el trabajo que realizaste, este te habilitará para volver a relacionarte amorosamente. Atravesaste un largo camino que te permitirá estar atento a tus necesidades sin dejar de considerar las necesidades de la persona a quien ames. No se trata solo de superar la crisis de la separación sino de mejorar tus relaciones futuras. ¿Cuántos encuentros tendrás? No lo puedes saber, seguramente no "harás bingo" a la primera. Pero cada encuentro, si es humano, cuidadoso y amoroso, te acercará a la claridad respecto del tipo de vínculo y relación que quieres tener. Cada persona será un regalo para conocerte, conocer la naturaleza humana y entender el erotismo y el amor.

Los encuentros eróticos y amorosos son siempre enriquecedores. No nos referimos a una compulsión de conquistas sexuales sino a relaciones significativas, más allá de su estructura y duración. Un componente imprescindible y adicional que le da verdadero poder transformador a la vida es la conexión humana. Estamos hechos para conectarnos con los demás, no podemos negar nuestro contexto interpersonal. Nuestra necesidad de pertenecer es poderosa y fundamental, por eso las relaciones íntimas son un elemento imprescindible para ser feliz y la empatía es la herramienta más poderosa con la que contamos para conectarnos con los demás. Lo mismo podemos decir del poder de la presencia, nada es mayor para otro que brindar nuestra mera presencia, estar: a veces uno hace poco por el otro, pero asegurarle que estás con él y que lo acompañas el tiempo que dure es más que suficiente.

En la película "Mejor imposible" (1997), el personaje de Jack Nicholson es un hombre muy particular (con serios trastornos obsesivos), totalmente aislado y repelente al contacto con los otros. En el desarrollo de la película vemos cómo pequeños detalles de apertura y contacto lo van transformando como persona, básicamente su primera ruptura de rigidez hacia el contacto es con un perrito, luego, a su estilo extraño, contacta con el personaje de Helen Hunt y finalmente se abre generosamente porque se conduele (empatiza) de ella, y claro, ella de él, y surge un vínculo inesperado al compararlo con las primeras escenas de hombre aislado y francamente insoportable.

De una extraña manera, tal vez menos consciente y más sutil, las personas sabemos que relacionarnos amorosamente nos hace desarrollar al máximo nuestra capacidad personal. Sin duda las relaciones de pareja son impulsoras del desarrollo humano. Probablemente hoy no esperes una relación basada en el viejo modelo de matrimonio idealizado, pero sí desees con mayor conciencia un encuentro que, respetando tu individualidad, favorezca tu desarrollo personal. Así, tendrá ya una base insustituible para una relación sólida.

Para encontrarnos con un compañero de vida, antes tendremos que aprender cosas que solo otras parejas pueden enseñarnos. Cuando toque el verdadero encuentro, aparecerá ese extraño deseo de involucrarse con el otro, de permanecer con él, de estar dentro de él. Una experiencia así muestra que se comienza a armar un vínculo excepcional: aparece ese deseo que une los cuerpos y las almas.

Leonard Cohen dice que "el amor no tiene cura, pero es la única medicina para todos los males". Los amores adultos neutralizan las heridas infantiles, quizás por eso se teme tanto perderlos y generan zozobra al tiempo que dan consuelo. Si tuvieras que hacer una ecuación acerca de la felicidad quizás mencionarías el amor como un ingrediente imprescindible; nosotros agregaríamos la congruencia interna, brújula irremplazable para vivir y desarrollar las propias capacidades.

Probablemente deseas encontrar un compañero de vida, una pareja, un amor. Te invitamos a pensar que la compañía no es el punto final de una búsqueda amorosa, sino el inicio de la misma. Si inviertes los factores replicaras lo obsoletos cuentos de hadas en los que "se encontraron y fueron felices para siempre...". Por eso insistimos en la necesidad de encontrarte primero a ti mismo, descubrir primero tu camino. Primero es el camino, tu proyecto de vida, el encuentro con tus deseos, intereses y valores, y después la compañía.

La búsqueda frenética generalmente fracasa porque parte de la carencia y no de la abundancia. Buscar es ir hacia alguien, encontrar es ir con alguien. Buscar es persistir, encontrar es permanecer. La consigna social parece empujarnos a "que nadie se quede solo...", aunque no se aclare la función de la compañía.

Si tu objetivo central es tener una pareja, exista o no, ella pasará a ser la figura central de tu paisaje y no tú. Si, por el contrario, emprendes tu propio camino, te equipas para transitarlo y confías en que no serás el único caminante de la travesía, se dará el encuentro. No todos van hacia donde tú vas, pero si hay otros que marchan a tu lado. En ciertas etapas del camino marcharás solo, en otras confundido en una multitud, en algunas más junto a un único y esencial compañero de vida.

Si tu camino está pavimentado de conciencia y verdad, encontrarás acompañantes. Encontrarás a tu acompañante. Será alguien que va en la misma dirección por elección propia, no tendrás que forzarlo a seguirte ni convencerlo de seguir tu camino. Se encontrarán caminando. Cada uno será capaz de marchar por sí mismo, no forzados a seguir una dirección, eligiendo el propio camino, coincidiendo y así eligiendo la compañía.

Este acompañamiento entre seres que se complementan no se basa en la necesidad de llenarse el uno al otro ni en la de suplirse las carencias. Si bien la compañía sana heridas y satisface necesidades, no es el objetivo único y central del encuentro. Ambos son seres completos o perfectamente incompletos que no funcionan como prótesis el uno del otro. Cada uno transita su camino verdadero y sigue su rumbo propio y esencial: así es el camino del encuentro.

Tu pareja no está prefijada en tu vida, no te está destinada de antemano. Te encontrarás con ella porque elegiste un rumbo, tu camino. Teniendo una dirección común, sus marchas encontrarán su punto de convergencia y así se dará el descubrimiento del otro. No se trata de elegir a alguien para ponerlo en tu camino, ese alguien no te va a elegir para llevarte a donde él va. Van juntos, se unen en una marcha que cada uno debe hacer por sí mismo, que cada uno se debe a sí mismo, pero que pueden hacer en respetuosa, sanadora, nutriente y amorosa compañía. Por eso insistimos en que primero se elige el camino y después viene el encuentro y la compañía.

Ya Sergio Sinay confirma que la compañía es la respuesta luminosa a tres preguntas fundamentales que han de expresarse en el siguiente orden: ¿Quién eres? ¿Hacia dónde vas? ¿Quién te acompaña? Y agrega: "Si conozco mi camino te encontraré. Si sabes a dónde vas, me encontrarás. Si no forzamos nuestro destino, nos acompañaremos". Un amor, sin duda, aligera la vida y facilita el proceso hacia la madurez.

Ser soltero hoy

Pero este es un libro para solteros, para recién separados. Por eso no nos cansaremos de honrar el proceso que atraviesas, de reivindicar la soltería, de dignificar esta opción como estilo de vida. Más lo insistiremos si esta es producto de un divorcio, tema que seguirá estigmatizado mientras sea considerado como fracaso. Paradójicamente, una de las consecuencias del mundo en el que vivimos es que quizás por primera vez en la historia podemos decir "no" al matrimonio sin tener que pagar un precio personal y social excesivo.

Queremos invitarte a reflexionar sobre la transición que tuvo la soltería como estado civil a lo largo del tiempo. Nos atrevemos a decir que hace algunos años mucha gente reaccionaba de manera fanática, ignorante, machista y hasta brusca ante las personas solteras. Sobre todo, mujeres solas eran víctimas de violencia ante el "fracaso social" de permanecer solteras. Se les consideraba raras, ridículas, tontas, desgraciadas.

¿Por qué se rechaza de tal manera a quienes por las razones que fueran no se casaban? La razón es bastante simple: eran un ejemplo "malo" para los demás. Una persona soltera desafiaba y desafía el orden social basado en el matrimonio, la familia y la reproducción; muestra que es factible vivir bien sin ese tipo de uniones, sin esas estructuras. En un pasado próximo, la soltería era un estado tan demoledor que se necesitaba "acabar con él", o al menos despreciar y juzgar a los que así vivían, sobre todo, como ya mencionamos, si eran mujeres.

Es claro que algunas personas permanecen solteras por tener modos de particulares de ser que dificultan la vida de pareja y la experiencia amorosa. También sabemos que hay solteros que viven solitaria, aislada e infelizmente. Pero existe también la opción de todo lo contrario, con la ventaja extra de que quien así vive suele estar libre de obligaciones y acuerdos que le resultan poco significativos y en ocasiones extremadamente pesados. Y esto, cabe aclarar, no es irresponsabilidad ni falta de compromiso, sino una justa valoración de lo que se quiere en relación con uno mismo, la vida y los demás, como estado permanente o en determinada etapa de la vida.

Cada día más gente permanece soltera por propia decisión y su nivel de vida y opciones es más alto en muchos sentidos. Hay estadísticas sanitarias que incluso avalan la soltería: particularmente las mujeres solteras tienen más salud. Con los hombres ocurre lo contrario: los casados tienen mejor salud que los solteros y los divorciados. ¿Quizás porque aquellos aún tienen una mujer que los cuida?

Mencionamos en capítulos anteriores que desde que se pudo separar la sexualidad de la reproducción vino una transformación notable en las relaciones humanas. De este desacoplamiento derivan otros: separar el erotismo del matrimonio e incluso del amor. Estos cambios permiten gran variedad de relaciones entre hombres y mujeres. En parte por esto decir soltero no es nada peyorativo en la actualidad. La soltería ya no se asocia con una vida de represión y soledad, tampoco con humillación y fracaso como pudo ser en el pasado. ¿Te diste cuenta de que incluso la sociedad empieza a acoger mejor a los solteros? Productos especiales, espacios para ellos, concesiones en ciertos eventos. Incluso el orden social concede beneficios a quienes siendo solteros mantienen relaciones amorosas estables.

Te invitamos a formar parte de este creciente colectivo que hoy se siente con el derecho y la satisfacción de vivir así. Te proponemos vivir tu soltería con la frente en alto, dignificando tu elección y trasmitiendo con tu vida la posibilidad de crecimiento que este estado te ofrece. Sin duda tendrás que seguir desafiando tus propios prejuicios, estigmas y estereotipos sociales, al tiempo que integras esta manera de ser en el mundo; pero conforme te sientas cómodo con este estado, tendrás la capacidad de desplegar entre quienes te rodean la riqueza, la validez y la suerte de tu modo de ser y de vivir.

IDEAS PARA VALORAR MI AVANCE

1. Puedo darme cuenta de que mis vínculos amorosos pasados no terminaron, solo se transformaron.
2. Trabajo los temas pendientes de etapas anteriores mediante el cierre de ciclos.
3. Pido ayuda o voy a terapia si descubro que estoy atorado en algún tema.
4. Veo con claridad el daño que hacía a mis hijos al perpetuar el pleito con mi ex.
5. Evito hacer cosas que puedan dañar a mis hijos y estoy trabajando en descubrir cómo manejarme en la separación para cuidarlos más.

6. Practico las ideas del decálogo para mejorar mi forma de ser padre/madre.
7. Reconozco las ventajas y desventajas de ser hombre o mujer en el proceso de separación.
8. Reconozco la oportunidad que me brinda la separación para encontrar más y mejores maneras de buscar la equidad entre hombres y mujeres.
9. Me siento a gusto como soltero, encontré paz interior y nuevos intereses y amigos.
10. Estoy convirtiéndome en una persona completa más que en una media "naranja" buscando su otra mitad.
11. Invierto tiempo en mi crecimiento personal más que en buscar otra pareja como "muleta" para la soledad o como símbolo de "éxito" social.
12. Doy seguimiento a lo que siento y a mis actitudes conforme atravieso de forma exitosa la crisis.
13. Identifico qué etapa del proceso necesito trabajar de nuevo y tengo planes para hacerlo.
14. Hago planes acerca de mi futuro, con o sin pareja.
15. Desarrollo atributos como empatía, comunicación e intimidad, los cuales me facilitan el encuentro y el contacto con los otros.
16. Me abro a la posibilidad de tener una pareja por el deseo de compartir y acompañarnos.
17. Considero la soltería como una opción de vida digna y aceptable.
18. Utilizo en mi vida conceptos que aprendí en el proceso.

Nota para ti, que estás por *comenzar de nuevo...*

Si elegiste este libro tras un rompimiento amoroso, seguramente te encuentras en alguna etapa del proceso de recuperación. Esperamos que el contenido del mismo te haya sido de utilidad. Nos quedaremos suficientemente satisfechos si lograste alguno de estos objetivos:

1. Clarificar en qué etapa del camino te encuentras y, por lo tanto, reconocer lo que recorriste y lo que te falta por avanzar.
2. Entender por qué estás donde estás y cómo llegaste a este punto.
3. Elaborar alguna explicación que te dé idea de cómo se gestó todo esto.
4. Reconocer tus errores y tus áreas de oportunidad para aprovechar.
5. Descubrir creencias, patrones, conceptos, que te impiden cambiar en tanto que pertenecen a situaciones de otras etapas de tu vida o a otras personas que no están viviendo lo que tú vives hoy.
6. Encontrar opciones nuevas que den salidas constructivas a lo que estás atravesando, nuevas puertas que no habías imaginado.
7. Reconocer capacidades, destrezas, valores y deseos que, de algún modo, amplían y complementan tu *maleta de viaje* para continuar el trayecto con más estrategias.
8. Sentir motivación para seguir capitalizando lo vivido, para aprender de la experiencia propia y de los demás y sentirte auténticamente realizado y, por lo tanto, mejor.

9. Distinguir las diferencias en los procesos de hombres y mujeres que terminan una relación amorosa con sus ventajas, desventajas y responsabilidades propias.
10. Dignificar la soltería como un estilo de vida aceptable.
11. Reconocer si requieres ayuda de un especialista para continuar.

Si para avanzar en tu proceso requieres más apoyo del que te diste mediante la lectura de este libro…

Si quieres ampliar tus redes por medio de actividades socioculturales con otros solteros…

¡Contáctanos!

Psicoterapia integral La Montaña
55 6466 3052
montana.org

Referencias bibliográficas

Abrego de León, Ó. (2009) *La revolución de las infieles.* México: Edamex.

Aguilar Camín, H. (2007) *Las mujeres de Adriano.* México: Planeta.

Ahrons, C. (1995) *The good divorce.* USA: Quill

Alberoni, F, ed. (1997) *El erotismo.* Barcelona: Gedisa.

———. (2000) *Enamoramiento y amor.* Barcelona: Gedisa.

Álvarez-Gayou, J. L. y P. Millán (2010) *Te celo porque te quiero.* México: Grijalbo.

Bauman, Z. (2007) *Amor líquido. Acerca de la fragilidad de los vínculos humanos.* México: Fondo de cultura económica.

Bleichmar, S. (2006) *Paradojas de la sexualidad masculina.* Buenos Aires: Paidos saicf.

Boff, L. (2002) *El águila y la gallina. Una metáfora de la condición humana.* Madrid: Trotta.

———. (2000) *El vuelo del águila. Cómo el ser humano aprende a volar.* México: Ediciones Dabar.

Bolinches, A. (2007) *Amor al segundo intento. Aprende a amar mejor.* México: Grijalbo.

———. (1998) *El arte de enamorar.* México: Grijalbo.

———. (2011) *Peter Pan puede crecer. El viaje del hombre hacia su madurez.* México: Grijalbo.

———. (2005) *Sexo sabio. Cómo mantener el interés sexual en la pareja estable*. México: Editorial de Bolsillo.

Branden, N. (1996) *Cómo mejorar su autoestima*. México: Paidós.

———. (1996) *El respeto hacia uno mismo*. México: Paidós.

Chia, M. y A. Douglas (1996) *El hombre multiorgásmico*. Madrid: Neo Person.

Epston, D. (1994) *Obras escogidas*. Barcelona: Gedisa.

Foucault, M. (1991) *Historia de la sexualidad*. México: Siglo XXI Editores.

Frankl, V. (2002) *El hombre en busca de sentido*. México: Paidós.

Fromm, E. (1985) *El amor a la vida*. México: Paidós.

Kelly, P. (1999) *Salud sexual para todos*. México: Grijalbo.

Kipnis, L. (2008) *Contra el amor*. Madrid: Tumbona Ediciones.

Levy, N. (2001) *La sabiduría de las emociones*. España: De Bolsillo.

Mastretta, Á. (2006) *Mal de amores*. México: Seix Barral.

Manrique, R. (2001) *Conyugal y extraconyugal. Nuevas geografías amorosas*. Madrid: Fundamentos.

———. (2009) *¿Me amas? Todos los consejos que necesitas sobre el amor*. México: Pax.

———. (1996) *Sexo, erotismo y amor. Complejidad y libertad en la relación amorosa*. Madrid: Libertarias.

Pasini, W. (2005) *Los nuevos comportamientos amorosos. La pareja y las transgresiones sexuales*. Madrid: Ares y Mares.

Perel, E. (2007) *Inteligencia erótica*. México: Diana.

Riso, W. (2008) *Amar o depender*. Bogotá: Norma.

———. (2010) *Deshojando margaritas*. Bogotá: Norma.

Sabines, J. (2004) *Recuento de poemas, 1950/1993*. México: Joaquín Mortiz.

Salinas, S. (2005) *Todo (no) terminó. Del dolor al amor*. México: Océano.

Sanz, F. (1999) *Psicoerotismo femenino y masculino. Para unas relaciones placenteras, autónomas y justas*. Madrid: Kairós.

Sigala, M. y A. Romero (2007) *Divorcio sano. Una despedida en paz*. Madrid: Urano.

Sinay, S. (2006) *El buen amor*. Buenos Aires: Del Nuevo Extremo Editores.

———. (2009) *El hombre divorciado*. Buenos Aires: Del Nuevo Extremo Editores.

———. (2006) *Esta noche no, querida*. Madrid: Del Nuevo Extremo.

———. (2007) *La masculinidad tóxica*. Buenos Aires: Ediciones B.

Viscott, D. (1993) *El lenguaje de los sentimientos*. Buenos Aires: Emecé.

White, M. (2007) *Maps of Narrative Practice*. USA: Norton.

———. (2002) *Reescribir la vida*. Barcelona: Gedisa.

Yalom, I. D. (2008) *Mirar al sol. La superación del miedo a la muerte*. México: Emecé.

Zumaya, M. (2006) *La infidelidad. Ese visitante frecuente*. México: Libros para todos.

Esta obra se terminó de imprimir
en el mes de junio de 2025,
en los talleres de Impresora Tauro, S.A. de C.V.
Ciudad de México.